오늘은 매듭 팔찌?

비즈, 매듭, 실, 뜨개 팔찌 + 20여 개로 하는 스타일링

도림북스

오늘은 매듭 팔찌?

1판 1쇄 펴낸 날   2016년 5월 24일

지은이   이지혜

기획·편집   신이수
편집·표지 디자인 김미정

과정 사진   김미정
콘셉트 사진   BOO, 윤미경
모 델   김동희, 김선태

펴낸이   신이수
펴낸 곳   도림북스
                서울시 강남구 삼성로 61길 11-2
팩스번호   (02)543-1217
출판등록   제2014-000184호
홈페이지   www.dorimbooks.com
페이스북   www.facebook.com/dorimbooks
전자우편   dorimbooks@naver.com

Texts ⓒ 이지혜, 2016
Photographs and illustrations ⓒ Dorim Books, 2016

ISBN   979-11-87384-00-7 13630

이 책은 저작권법에 따라 보호받는 저작물이므로 무단 전재와 복제를 금합니다.
저작권자와 도림북스의 서면 동의 없이는 어떠한 형태로도 이용할 수 없습니다.

┌ 이 도서의 국립중앙도서관 출판예정도서목록(CIP)은 서지정보유통지원시스템 홈페이지(http://seoji.nl.go.kr)와 국가자료공
동목록시스템(http://www.nl.go.kr/kolisnet)에서 이용하실 수 있습니다. (CIP제어번호 : CIP2016011440)

이지혜 지음

오늘은 매듭 팔찌?

비즈, 매듭, 실, 뜨개 팔찌 + 20여 개로 하는 스타일링

날씨가 따뜻해지면 예전에는 비즈 팔찌가 대유행이었고, 그 다음에는 실 팔찌, 그리고 최근 몇 년 사이에는 매듭 팔찌가 유행이라고 합니다. 이런 팔찌들이 유행한 것은 쉽게 만들어서 활용할 수 있어서가 아닐까요. 그래서 가장 기본적인 기법으로 만들 수 있는 다양한 팔찌를 만들어 보았습니다.

어렸을 때부터 항상 손으로 만드는 것을 좋아했습니다. 초등학교 때는 종이접기, 중학교 때는 코바늘 뜨개와 실 팔찌, 고등학교 때는 대바늘 뜨개를 책을 통해 습득하였고 대학교 때는 전통 매듭과 비즈를 배웠습니다. 그 후로는 니트 토이(손뜨개 인형)의 매력에 빠져 열심히 하다 보니, 현재는 니트 토이 중급과정과 베이비돌 인형옷 강의를 한답니다.

이 책이 기존의 다른 책들과 달리 4가지 분야의 팔찌를 담은 이유를 이해하실 수 있겠죠. 유행이 지나도 사람들은 취향에 따라 다양한 팔찌를 착용합니다. 반짝이는 걸 좋아하는 사람들은 비즈를, 유행을 따르는 이들은 매듭 팔찌를, 간단함이나 편리를 추구하는 사람은 실 팔찌를, 뜨개를 사랑하는 니터들은 뜨개 팔찌를 더 좋아할 수도 있을 것 같았습니다.

기초 지식이 없더라도 이 책만 보고 쉽게 만들 수 있도록 최대한 자세하고 친절하게 설명하려고 노력했습니다. 어려운 기술을 사용하지 않더라도 충분히 예쁜 팔찌, 만들고 싶은 팔찌, 선물하고 싶은 팔찌를 만들 수 있다는 것을 이 책을 통해 느끼셨으면 합니다. 이 책을 작업하면서 친구들과 만들던 실 팔찌의 추억이 떠올라서 좋았습니다. 여유시간에 나만의 팔찌를 만들면서 즐거운 시간을 가질 수 있기를 바랍니다.

ciel 이지혜

차례

비즈 팔찌

기본 재료 10 • 기본 기법 12

누름볼을 사용하여 만드는
원석 팔찌
16

교차기법으로 만드는
진주 팔찌
18

은선말이 기법으로 만드는
투어마린칩 팔찌
20

9자말이 기법으로 만드는
크랙 체인 팔찌
22

줄란으로 만드는
레이어드 팔찌
24

매듭 팔찌

기본 재료 28 • 기본 기법 29 • 매듭 마무리 34

도래매듭으로 만드는
포인트 팔찌
38

오른쪽 비틀어매기로 만드는
꽈배기 팔찌
40

평매듭으로 만드는
링 팔찌
42

평매듭으로 만드는
원석 팔찌
44

동심결매듭으로 만드는
이터널 팔찌
46

가락지매듭과 생쪽매듭으로 만드는
전통 매듭 팔찌
48

실 팔찌

기본 재료 54

소원을 비는 마음으로
돌돌 감은
소원 팔찌
58

착용이 편리한
캐주얼 팔찌
60

4색 사선에
비즈를 더한
블링블링 사선 팔찌
62

원석과 V자 무늬를
함께 한
유니크 팔찌
64

러브 러브
하트 팔찌
68

뜨개 팔찌

기본 재료 76 • 기법 77

여러 번 감아
더 멋스러운
아이코드 팔찌
82

피코 엣징
스터드 팔찌
84

버블뜨기로
만드는
말랑말랑 팔찌
86

짧은뜨기로
만드는
체인 팔찌
88

새우뜨기로
만드는
심플 팔찌
90

비즈 팔찌

다양한 비즈와 금속 장식을 주재료로 사용하여 만듭니다.
은선말이, 9자말이, 교차 등 비즈 공예의 기본 기법들을 활용하여
쉽고 간단하게 만들 수 있는 팔찌입니다.

기본 재료

낚싯줄
비즈 공예의 기본 재료로, 투명하고 약간의 탄력이 있다. 1호가 가장 가늘고 호수가 높을수록 굵기가 두껍다. 보통 1롤에 50 m 감겨 있다.

와이어(피아노줄)

평집게
비즈 공예의 기본 도구로, 날의 안쪽이 평평하다. 누름볼을 누르거나 O링을 연결할 때 주로 사용한다. 평 플라이어 또는 플랫 노우즈 플라이어(flat nose pliers)라고도 한다.

9자말이 집게
비즈 공예의 기본 도구로, 한 면은 끝으로 갈수록 가늘어지는 원뿔 모양의 날이고, 다른 한 면은 원뿔에 맞게 홈이 파여 있다. 9자핀이나 T핀의 끝을 둥글게 구부릴 때 주로 사용한다. 앞쪽 날로 구부릴수록 핀을 작게 둥글릴 수 있다. 라운드 노우즈 플라이어(round nose pliers)라고도 한다.

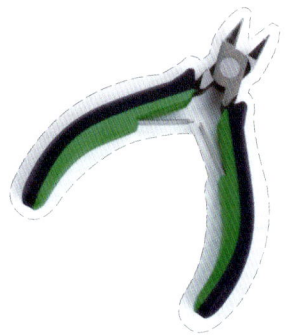

은선말이 집게
9자말이 집게와 용도가 비슷하다. 단, 더 가는 선을 작업할 경우 사용하면 9자말이 집게보다 훨씬 편하다.

니퍼
와이어, 낚싯줄, T핀, 9자핀 등을 자를 때 주로 사용한다. 양쪽 날이 날카로우므로 사용할 때 손이 다치지 않게 주의한다.

줄란

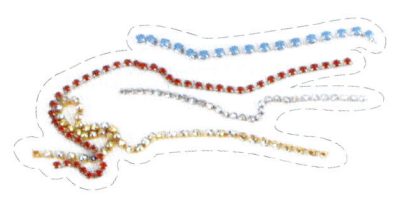

체인
이 책에 사용한 다양한 모양의 체인이다. 체인은 길이 조절이 가능하여 유용하다.

* 재료는 동대문종합시장 B동 5층에서 구매 가능합니다.

비즈

이 책에서는 원석, 크리스털 축구볼, 다양한 색깔의 진주, 크랙 원석 등 다양한 비즈를 사용한다.

잠금장식

잠금장식으로 다양한 장식을 활용한다. 길이 조절이 편리한 랍스터와 꼬리체인, 고리에 걸어서 조정하는 토글(앤)바, 착용을 쉽게 할 수 있는 자석 잠금장식(클래습), 시계 잠금장식 등이 있다.

O링 & O링 반지

팔찌 마감 재료로 주로 사용하는 것이 O링이다. O링 반지는 O링을 열고 닫을 때 편리한 도구다. 두께가 다른 여러 홈이 있는 O링 반지에 평집게로 O링을 끼우고 벌리면 열고 닫기가 쉽다.

9자핀

비즈를 사슬처럼 연결할 때 유용하게 쓰인다. 숫자 9모양을 닮았다고 하여 9자핀으로 불리는데, 정식명칭은 아이핀(eye pin)이다. 한번 구부린 9자핀을 다시 펼 경우 부러질 수 있으므로 사용할 때 주의해야 한다.

T핀

팔찌를 마무리할 때 유용하다. 측면의 모양이 T자와 비슷하여 T핀이라고 불리는데, 정식명칭은 헤드핀(head pin)이다. 머리 부분을 자르면 9자핀으로도 사용 가능하다.

볼핀

T핀과 용도가 비슷한데, 핀의 상단에 볼이 붙어 있다.

누름볼

낚싯줄(와이어)이 빠지지 않게 마무리할 때 평집게로 눌러 낚싯줄(와이어)을 고정하는데 사용한다. 고정볼이라고도 한다.

비드팁 & 올챙이

비즈를 끼우고 난 다음 낚싯줄이나 와이어를 마무리할 때 사용한다.

기본 기법

9자말이 기법

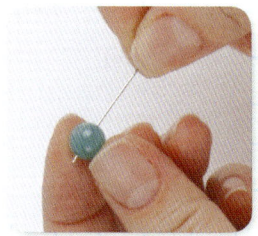 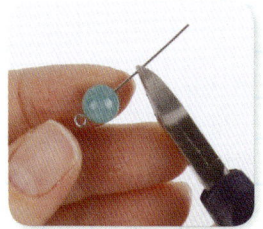  

① 9자핀에 비즈를 끼운다.
② 비즈 위 8mm 정도에서 9자핀을 니퍼로 자른다.
③ 남은 핀을 9자말이 집게로 집어 밖에서 안으로 말아준다.
④ 한 번 꺾어주면 9자말이 완성!

위아래 9자핀 모양이 나란히 같아야 한다. 한쪽이 덜 말리거나 너무 많이 말려도 안 된다.

누름볼 사용법

 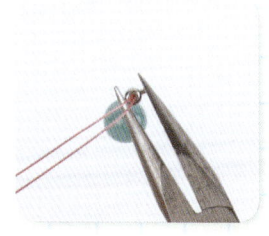 

① 금속장식이 걸린 와이어나 낚싯줄에 누름볼을 끼운다.
② 평집게로 배꼽을 잡고
③ 완전히 들어가도록 누른다.

O링 사용법

① 왼손 검지에 O링 반지를 끼고, 오른손에 평집게를 잡고 O링을 집는다.

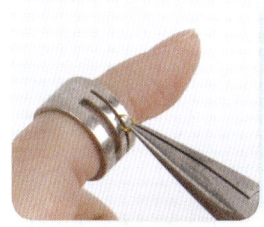

② O링 반쪽을 O링 반지 홈에 끼운다.

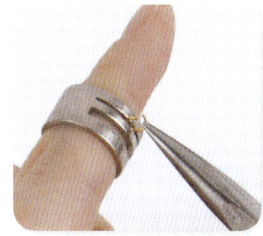

③ 왼쪽 O링 반지는 고정된 채 평집게를 사용하여 O링이 오른쪽으로(밖으로) 벌어지게 한다.

④ 벌어진 O링을 체인에 끼운다.

⑤ O링 반쪽을 O링 반지에 끼우고 평집게로 O링을 닫는다.

⑥ 체인에 O링 끼우기 완성!

올챙이 사용법

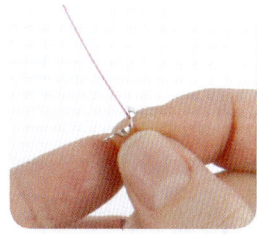

① 낚싯줄에 올챙이를 끼운다.

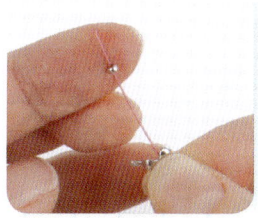

② 비드팁을 끼운다.

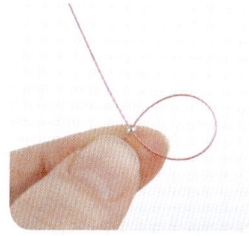

③ 비드팁에 낚싯줄을 3번 정도 통과시켜준다.

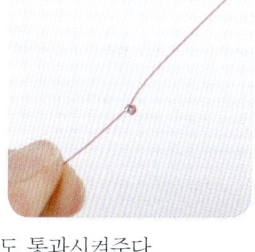

④ 평집게로 비드팁을 잡고 누른다.

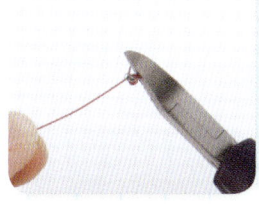

⑤ 니퍼로 낚싯줄을 자른다. 누른 비드팁이 올챙이 안에 들어가게 한 후

⑥ 평집게로 올챙이를 닫아준다.

반짝반짝 빛나고 싶은 욕망이 마음 어딘가에 있는지,

팔찌를 고를 때도 블링블링한 것에 일단 눈이 먼저 가요.

포인트로 하는 것이니 좀 빛나는 게 나을 듯해요.

비즈는 자체가 액세서리 효과를 충분히 주기 때문에

아주 간단하게 만드는 게 좋아요. 그냥 꿰기만 하면

팔찌가 뚝딱 만들어진답니다!

누름볼을 사용하여 만드는 원석 팔찌

\# 비즈팔찌 \# 원석팔찌 \# handmade

- » 완성 크기_ 약 17 cm
- » 필요 시간_ 20분 이내
- » 준비 재료_ 원석, 크리스털 축구볼, 자석 잠금장식, 누름볼 2개
- » 기본 도구_ 3(또는 4)호 나일론 와이어 40 cm, 니퍼, 평집게

≫ 만드는 법

① 나일론 와이어 한쪽 끝에 누름볼을 끼운다.
② 잠금장식 한쪽을 끼운다.

 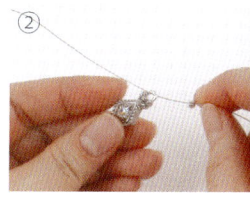

③ 와이어 끝을 다시 누름볼에 끼운다.
④ 누름볼 배꼽이 완전히 들어가도록 평집게로 눌러준다.

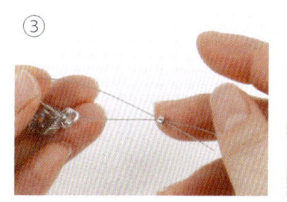 

⑤ 짧은 와이어를 자르지 않은 상태에서 원석과 크리스털 축구볼을 교차로 하나씩 끼운다.
* 4~5알까지는 와이어가 겹쳐진 상태로 끼우세요.
⑥ 평집게로 짧은 와이어를 잡고 니퍼로 최대한 당겨 자른다.
* 와이어를 최대한 당겨 자르지 않으면, 착용했을 때 와이어가 손목을 긁을 수 있어요.
⑦ 팔목 둘레에 맞게 원석과 크리스털 축구볼을 교차로 끼운다.
⑧ 누름볼을 끼우고 반대편 잠금장식도 와이어에 끼운다.

⑨ 바짝 잡아당겨 다시 누름볼에 통과시킨 후 원석 3~4개 정도에 통과시킨다.
⑩ 틈이 없게 와이어를 잡아당긴 다음 평집게로 누름볼을 눌러준다.

⑪ ⑥과 같은 방법으로 남은 와이어를 자르면 완성!

교차기법으로 만드는 **진주 팔찌**

#비즈팔찌 #진주팔찌 #블링블링

» 완성 크기_ 약 16 cm
» 필요 시간_ 1시간 30분 이내
» 준비 재료_ 4 mm 진주 1줄, 시계 잠금장식
» 기본 도구_ 3호 낚싯줄 1 m, 강력접착제, 니퍼, 평집게

≫ 만드는 법

① 1m 길이의 낚싯줄 한쪽에 시계 잠금장식을 밖 → 안 → 밖으로 통과시킨다.

* 낚싯줄을 자를 때는 니퍼로 45도(사선으로) 방향으로 잘라서 끝을 뾰족하게 만드세요.

② 시계 잠금장식 좌우로 낚싯줄 길이가 똑같게 만든다.

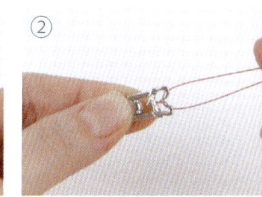

③ 낚싯줄 양쪽에 진주를 1알씩 넣고, 다시 진주 하나에 낚싯줄 2가닥을 모두 통과시킨 다음 교차한다.

④ 팔목 둘레에 맞게 ③의 과정을 반복한다.

⑤ 마지막엔 한쪽에만 진주를 끼우고 반대편 잠금장식에 통과시킨다.

⑥ 진주를 끼우고 낚싯줄을 교차한다.

⑦ 교차한 진주에 한 번 더 낚싯줄을 통과시킨 후 서로 다른 방향으로 2번 묶어준다.

⑧ 매듭부분이 풀리지 않도록 접착제를 살짝 바른다.

⑨ 매듭이 가까운 진주 안쪽으로 들어가도록 진주 1~2알 안에 통과시킨 다음 낚싯줄을 바짝 잡아당겨 자른다.

TIP 취향에 따라 여러 가지 색의 진주를 사용해도 좋다.

은선말이 기법으로 만드는 **투어마린칩 팔찌**

비즈팔찌 # 은선말이 # 투어마린칩

» 완성 크기_ 17 cm 이상
» 필요 시간_ 30분 이내
» 준비 재료_ 투어마린칩 3~4 cm, 체인 12 cm,
　　　　　　은선 12~15 cm, 랍스터 & 꼬리체인, 볼핀 1개
» 기본 도구_ O링, O링 반지, 9자말이 집게(은선말이 집게),
　　　　　　평집게, 니퍼

›› 만드는 법

① 12 cm 체인을 반으로 자른 다음 체인 한쪽 맨 끝 고리에 은선을 끼운다.

② 은선 3 cm 위치를 9자말이 집게로 잡는다.

* 이때 체인은 은선 중간쯤 있으면 돼요.

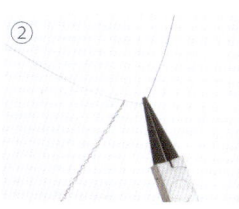

③ 짧은 은선으로 긴 은선을 3번 정도 감는다.

* 은선을 말 때 최대한 촘촘하게 감아주세요.

④ 짧은 은선을 니퍼로 바짝 자른다.

⑤ 은선에 3~4 cm 정도의 투어마린칩을 끼운다.

⑥ 나머지 체인(6 cm)을 은선에 끼운다.

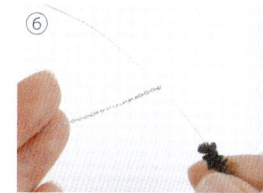

⑦ 남은 은선으로 투어마린칩과 체인 사이의 은선을 3번 정도 촘촘하게 감는다.

⑧ 남은 은선을 니퍼로 바짝 자른다.

⑨ 체인 양쪽에 O링을 이용하여 한쪽에는 랍스터를, 반대편에는 꼬리체인을 연결한다. (O링 사용법 13쪽 참조)

⑩ 볼핀에 투어마린칩 1알을 끼운 다음 9자말이 집게로 말아준다. (9자말이 기법 12쪽 참조)

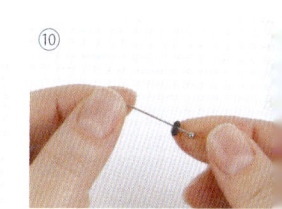

⑪ 꼬리체인 끝부분에 볼핀으로 9자말이한 투어마린칩 장식을 연결하면 완성!

9자말이 기법으로 만드는 크랙 체인 팔찌

비즈팔찌 # 체인팔찌 # 크랙팔찌

≫ 완성 크기_ 약 17 cm
≫ 필요 시간_ 40분 이내
≫ 준비 재료_ 모양 체인 10 cm 정도, 10 mm 크랙 원석 3개, 자석 잠금장식, 마감장식 캡 6개
≫ 기본 도구_ 9자핀, O링, O링 반지, 9자말이 집게, 평집게, 니퍼

›› 만드는 법

① 9자핀에 캡 – 원석 – 캡 순서로 끼운다.
② 남아있는 핀 부분이 8 mm 정도 남게 니퍼로 자른다.

③ 자른 부분을 9자말이 집게를 사용하여 동그랗게 말아준다.
　(9자말이 기법 12쪽 참조)
④ 같은 방법으로 원하는 색의 원석으로 2개 더 만든다(총 3개).

⑤ 말아둔 9자핀을 9자말이 집게로 살짝 벌려 3개를 서로 연결한다.
* 평집게로도 9자핀을 살짝 벌릴 수 있어요.
⑥ 마지막 원석 9자핀에는 자석 잠금장식 반쪽을 넣고 오므린다.

⑦ 반대쪽 끝 9자핀에 체인을 연결한다.
⑧ 손목 둘레에 맞게 조절한 후 체인을 니퍼로 자른다.

⑨ O링으로 나머지 자석 잠금장식과 체인을 연결하면 완성!
　(O링 사용법 13쪽 참조)

줄란으로 만드는 레이어드 팔찌

비즈팔찌 # 레이어드 # 줄란팔찌

>> 완성 크기_ 약 18cm
>> 필요 시간_ 1시간 이내
>> 준비 재료_ 6mm 무늬 진주, 줄란, 크리AB 1줄, 줄란캡, 토글바
>> 기본 도구_ 3mm 낚싯줄, 올챙이, 비드팁, 오링, 오링 반지, 평집게, 니퍼

>> 만드는 법

① 줄란은 팔목 둘레보다 여유 있게 니퍼로 자른 후 줄란캡을 양끝에 씌운다.
② 낚싯줄 한쪽 끝에 올챙이를 끼운다.

③ 낚싯줄에 비드팁을 끼운다.
④ 비드팁 사이에 낚싯줄을 2~3번 통과시킨 다음 평집게로 누른다.

⑤ 니퍼로 낚싯줄을 자르고, 평집게로 올챙이를 닫는다.
⑥ 팔목 둘레보다 여유 있게 무늬 진주를 끼운다.

 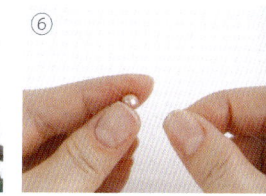

⑦ 올챙이를 넣은 후 비드팁을 넣고 마무리한다.
⑧ 크리스털도 같은 방법으로 1줄 만든다.

⑨ 줄란, 진주, 크리스털 3줄을 한꺼번에 O링에 모두 연결한 다음, 토글바 장식의 한쪽에 연결하고 O링을 닫는다.
⑩ 토글바를 잡고 3가닥을 꼬아준다(또는 땋는다).

⑪ 꼬인(땋은) 마지막 부분이 풀리지 않게 O링에 한꺼번에 걸어 나머지 토글바 장식을 달아주면 완성!

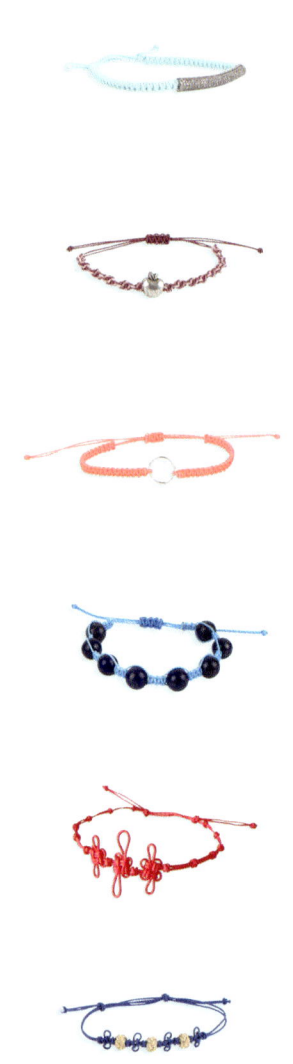

매듭 팔찌

전통 매듭 기법과 일반 매듭 기법을 활용하여 만드는 팔찌입니다.
전통 매듭은 누에고치에서 뽑은 명주로 만든 끈목을 사용하며, 맺고 조이는
과정을 통하여 한 가닥의 끈으로 다양한 형태를 만들 수 있습니다.
현재는 서양 매듭인 마크라메, 로프, 파라코드 등 여러 가지 매듭 기법을
접할 수 있습니다.

기본 재료

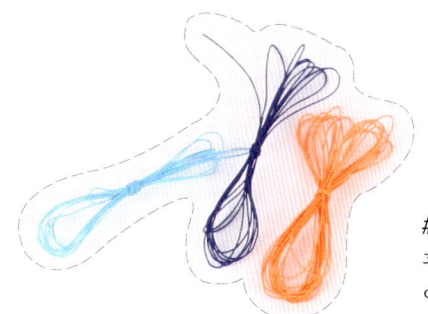

나일론 끈
광택이 나고 부드러우며 탄력이 좋아서 활용도가 높다.

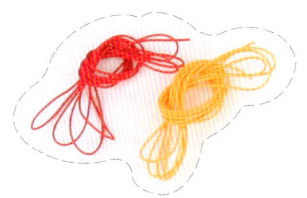

전통 끈
명주실로 만든 끈으로 중심에 심지가 있다.

가위
끈을 자를 때 사용한다.

송곳
매듭을 맺은 후 조일 때 사용하거나 단단하게 조인 매듭을 풀어야 할 때 사용한다.

라이터, 초
끈의 끝을 불로 마무리해야 할 경우 끈의 소재에 따라 라이터나 초를 사용하면 편리하다.

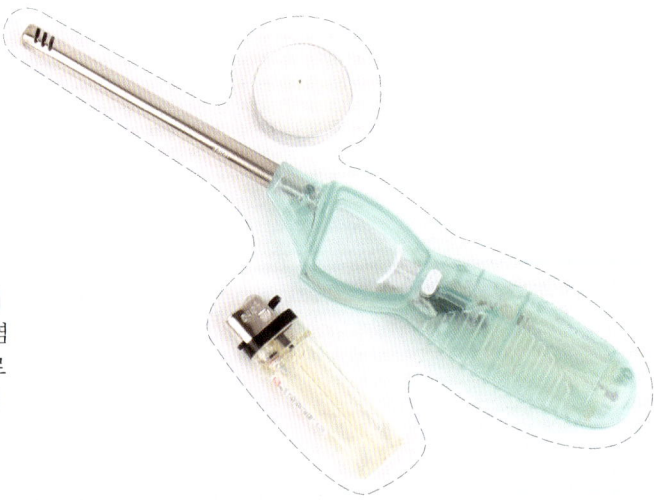

공작용 수성접착제
마감장식에 발라 끈을 고정할 때 유용하다. 작은 종이에 조금 덜어서 이쑤시개로 찍어 바르면 깨끗하고 오염 없이 사용할 수 있다. 원래 전통 매듭에서는 풀을 따로 만들어서 사용하나 여기에서는 편리하게 시판용 수성접착제를 사용한다.

* 재료는 동대문종합시장 B동 5층에서 구매 가능합니다.

기본 기법

도래매듭

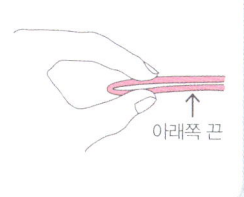

① 왼손 엄지와 검지로 끈의 중심을 잡는다.

② 오른손으로 아래쪽 끈을 잡고 위쪽 끈 위로 한 바퀴 돌려서 고를 만들어 세우고 왼손으로 고정한다.

③ 고를 만든 끈의 끝을 고 사이로 통과시킨다.

④ 통과한 끈은 위쪽 끈 위에 나란히 놓는다.

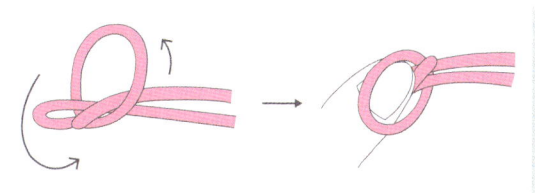

⑤ 오른손으로 고의 오른쪽에 나란히 놓인 끈을 쥐고, 오른손 엄지로 고를 뒤로 밀면서 한 바퀴 돌린다.

돌린 모양이다.

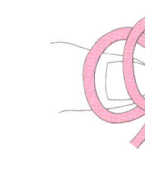

⑥ 돌린 부분을 왼손으로 고정하고, 고를 만들지 않은 끈으로 두 번째 고를 만든다.

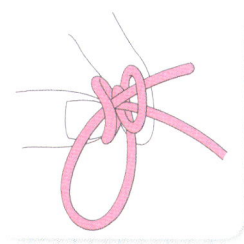

⑦ 두 번째 고를 만든 끈을 고 2개 사이로, 왼쪽에서 오른쪽으로 통과시킨다.

⑧ 오른쪽에 있는 끈의 아래에 나란히 놓고, 위쪽 끈을 잡아당겨서 먼저 만든 고를 조인다.

⑨ 오른손으로 끈이 가지런히 놓이게 쥐고, 오른손 엄지로 남은 두 번째 고를 뒤로 밀어준다.

* 왼쪽 빗금 부분에 오른쪽 빗금 부분을 겹쳐 ×자 모양으로 만든다.

⑩ 왼손으로 ×자 모양을 고정시킨 후 오른쪽 끈을 당겨 조인다.

생쪽매듭

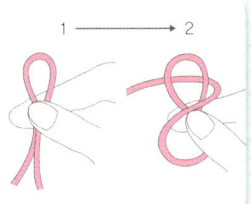

① 끈의 중심에서 왼쪽으로 고를 만든다.

② 오른손으로 고의 밑 부분을 잡고, 왼쪽 끈을 만든 고의 앞에서 뒤로 돌린다.

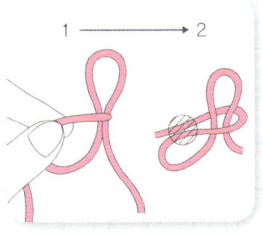

③ 먼저 만든 고와 같은 크기의 고를 만들고, 왼손 엄지와 검지로 고정시킨다.

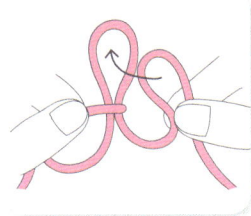

④ 오른쪽에 있는 끈을 접어 처음에 만든 고의 앞에서 뒤로 넣는다.

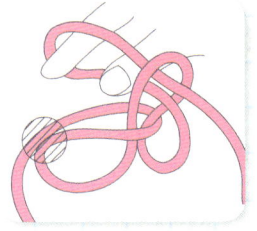

⑤ 빠져나온 고에 오른손 엄지와 검지를 넣고, 왼손에 잡고 있던 두 끈을 잡는다(빗금 부분).

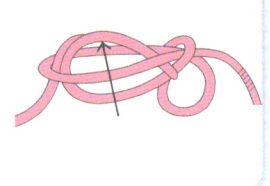

⑥ 두 줄의 고를 위로 조금 빼내고.

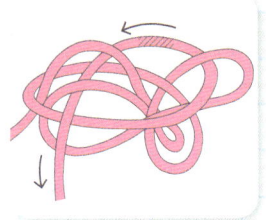

⑦ 오른쪽에 있는 끈을 뒤에서 앞으로 넣는다.

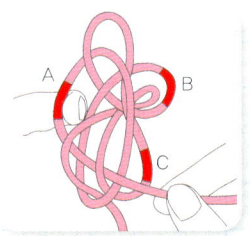

⑧ 그림과 같은 모양이 된다.
* 끈을 뒤로 살짝 밀어서 생긴 A 고리가 첫 번째 고예요.

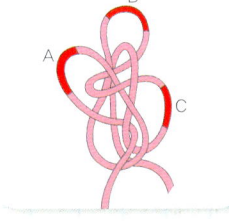

⑨ 가로로 누운 모양을 세로로 세우고 고 3개를 찾는다.

⑩ 가운데를 井자 모양으로 정리한다.

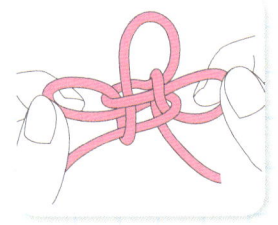

⑪ 양쪽 고를 당긴다.

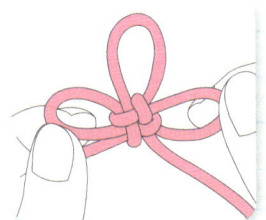

⑫ 그림처럼 몸통을 먼저 조인다.

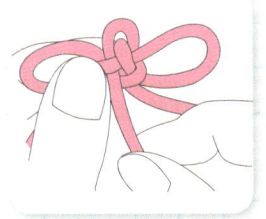

⑬ 송곳을 사용하여 위쪽 고를 조인다.

⑭ 양쪽 고를 순서대로 조여서 같은 크기로 만든다.

가락지매듭

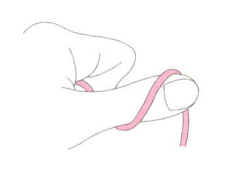

① 끈 왼쪽을 짧게 하여 그림처럼 잡는다.

② 끈을 아래에서 위쪽으로 엄지에 사선으로 한 번 감는다.

③ 교차시켜서 한 번 감고, 같은 방향으로 한 번 더 감는다.
*너무 꽉 죄지 마세요.

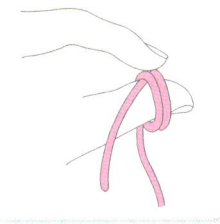

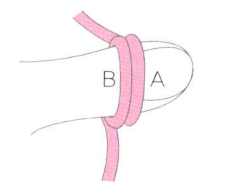

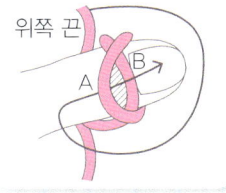

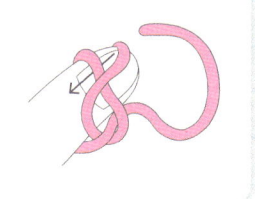

④ 앞부분에 교차된 곳을 뒤로 돌려서 왼손 검지로 눌러 고정한다.

⑤ 엄지 앞에는 나란한 끈 2가닥이 보인다.

⑥ A를 B 위로 덮은 다음, 위쪽 끈을 아래로 내려 그 사이 공간(빗금)에 아래에서 위로 통과시킨다.

⑦ 왼쪽 교차점의 왼쪽 공간에 위에서 아래로 통과시킨다.

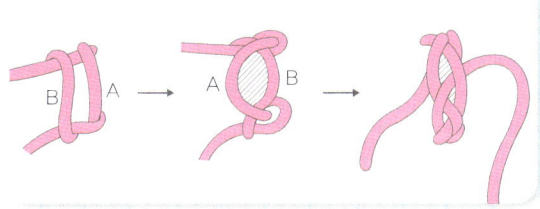

⑧ 평행한 두 선이 나오면 다시 A를 B 위로 덮은 다음에 그림과 같이 그 사이 공간(빗금)에 아래에서 위로 통과시킨다.

⑨ 2줄이 되도록 끈을 한 번씩 더 통과시킨다.

⑩ 가락지매듭 완성!

동심결매듭

① 왼손 손바닥에 끈 2가 닥을 놓고 亞(아)자 모양으로 위아래 크기가 같은 고를 만든다.

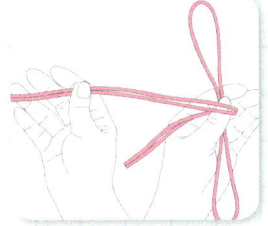

② 중심부분을 왼손 엄지로 누르고, 오른쪽 끈을 위쪽 고와 왼쪽 끈 사이로 접는다.

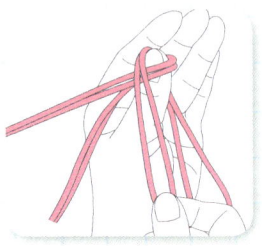

③ 위쪽 고를 그 위로 접는다.

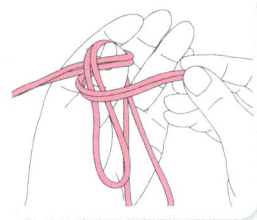

④ 왼쪽에 있는 끈을 직각으로 놓는다.

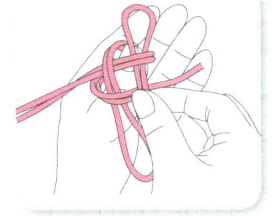

⑤ 아래쪽에 있는 고를 처음 접었던 고 사이로 통과시킨다.

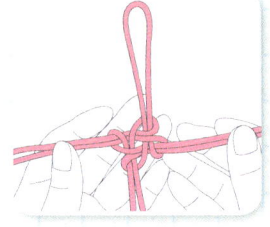

⑥ 고를 위쪽, 왼쪽, 아래쪽, 오른쪽 순서대로 완전히 잡아당긴다.

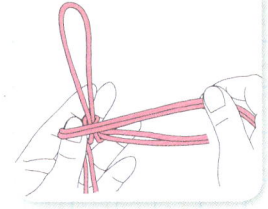

⑦ 처음과 같은 방법으로 이번에는 왼쪽 끈을 위쪽 고와 오른쪽 끈 사이로 접는다.

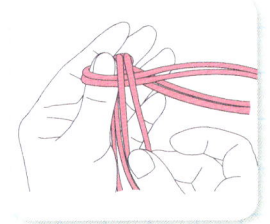

⑧ 위쪽 고를 그 위로 접는다.

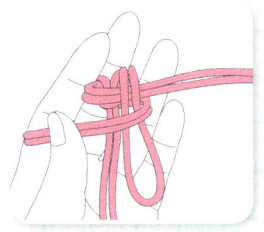

⑨ 오른쪽 끈을 접는다.

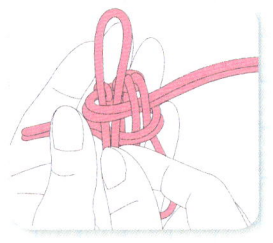

⑩ 아래쪽 고를 처음 접은 고 사이로 통과시킨다.

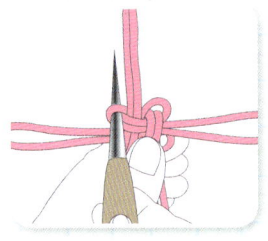

⑪ 사방으로 끈을 잡아당기면서 모양을 잡는다.

동심결매듭 완성!

오른쪽 비틀어매기

 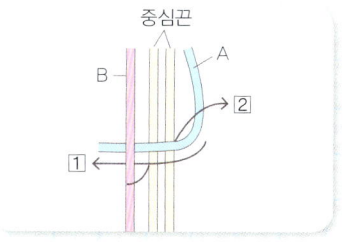 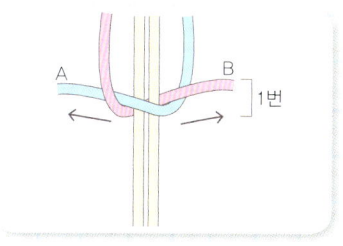

① A를 중심끈 위에 가로로 놓고, 그 위에 B를 올린다. B를 중심끈 아래에서 A 위로 통과시킨다.

② 양옆을 같은 힘으로 잡아당겨서 조인다. 매듭을 한 번 한 것이다.

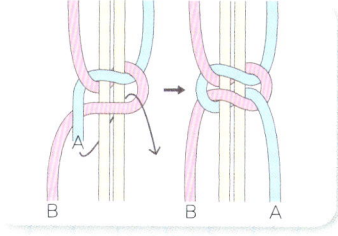 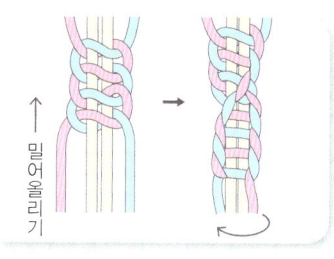

③ ①, ②처럼 오른쪽에 놓은 끈이 항상 중심끈 위에 오게 매듭을 묶는다.

④ ①~③을 반복하여 매듭을 묶는다.

왼쪽 평매듭

 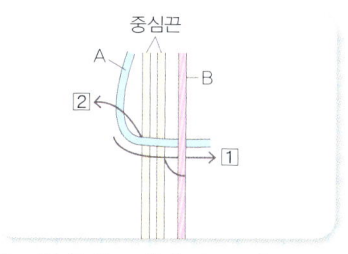 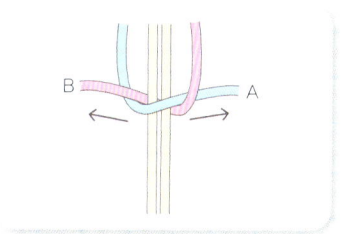

① A를 중심끈 위에 가로로 놓고, 그 위에 B를 올린다. B를 중심끈 아래에서 A 위로 통과시킨다.

② 양옆을 같은 힘으로 잡아당겨서 조인다.

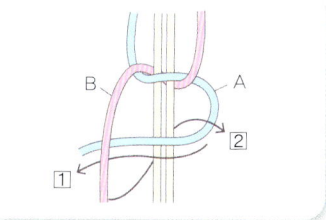 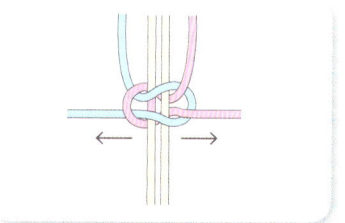 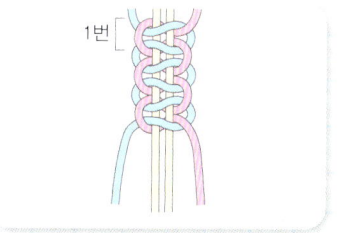

③ A를 중심끈 위에 가로로 놓고, 그 위에 B를 올린다. B를 중심끈 아래에서 A 위로 통과시킨다.

④ 양옆을 같은 힘으로 잡아당겨서 조인다. 평매듭 한 번 완성!

⑤ ①~④를 반복하여 매듭을 묶는다.

* 매듭을 3~4번 묶을 때마다 중심끈을 잡고 매듭코를 밀어 올려 틈이 보이지 않게 한다.

매듭 마무리

전통 매듭 마무리 : 길이 조절 가능

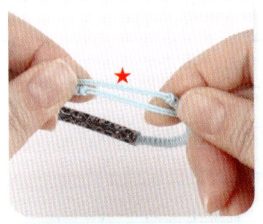

① 간단하게 길이 조절이 가능하게 마무리할 팔찌다.

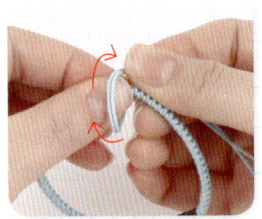

② ★ 끈을 왼손 엄지 위로 감아 고를 만든다.

③ ★ 끈 끝을 고 사이로 통과시킨 다음 잡아당겨 매듭을 맺는다.

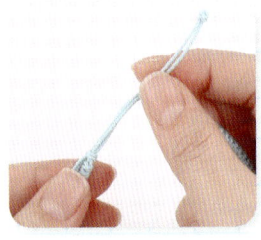

④ 반대쪽도 같은 방법으로 매듭을 맺고, 매듭에서 어느 정도 떨어진 곳에 도래매듭을 하나씩 맺어 마무리한다.

* 손목이 충분히 들어갈 둘레를 고려하여 도래매듭 맺을 곳을 정하세요!

평매듭 마무리 : 길이 조절 가능

① 팔찌에 남아있는 끈 4가닥에 여유 공간을 주기 위해 다른 끈 1가닥(기둥끈)을 겹쳐놓고 맺는끈을 준비한다.

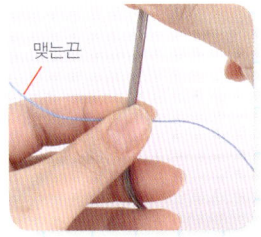

② 준비한 맺는끈 1가닥은 5가닥 뒤에 가로로 놓는다.

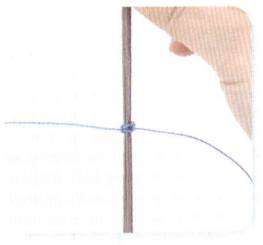

③ 가로로 놓은 끈으로 평매듭을 맺는다.

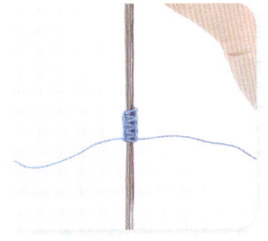

④ 평매듭을 총 4번 맺는다.

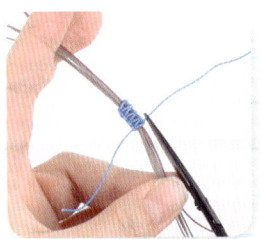

⑤ 평매듭 맺는끈을 가위로 자른 다음 라이터로 마무리한다.

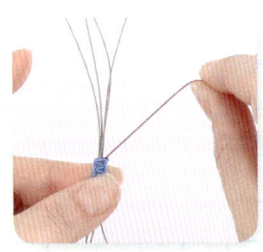

⑥ 기둥끈을 뽑는다.

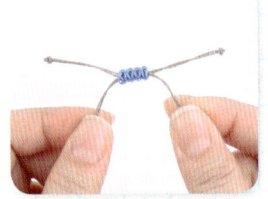

⑦ 끈 양 끝은 도래매듭을 맺어 마무리한다.

* 도래매듭 29쪽 참조

매듭 끝_라이터로 마무리 : 나일론 소재의 끈에 사용

라이터(또는 초)에 불을 켜고 파란 불꽃에 끈 끝을 살짝 넣는다.

불꽃에 오래두지 않게 주의한다.

* 매듭이 타서 풀릴 수 있어요.

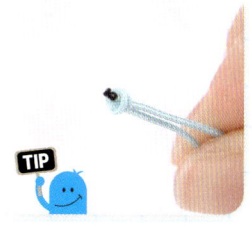

면 소재의 끈을 불로 마무리한 경우, 그을려서 보기 좋지 않다.

매듭 끝_접착제로 마무리 : 천연 소재의 끈에 사용

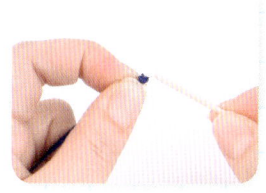

① 접착제를 작은 종잇조각에 덜어서 이쑤시개로 살짝 찍어 매듭 끝에 바른다.

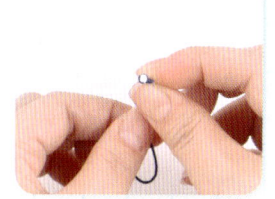

② 수성접착제가 투명해질 때까지 3시간 이상 건조시킨다.

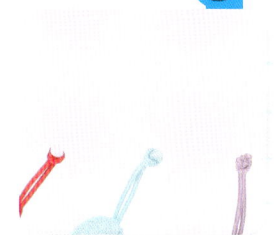

* 건조되는 과정 비교

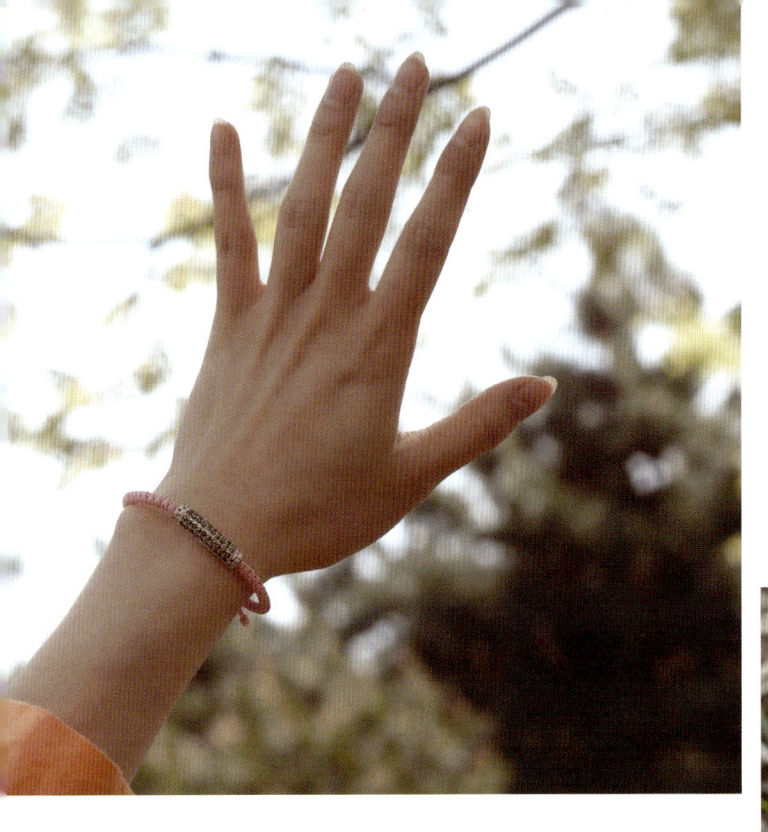

매듭하면 떠오르는 건 할머니 댁 벽에 걸린 빨간색과 파란색의 매듭 공예에요.

참으로 옛것의 느낌이죠. 하지만 요즘은 매듭 팔찌를 많이 하니까

매듭하면 팔찌 이렇게 생각해요. 간단한 매듭 기법 몇 가지만 익히면

팔찌 외에도 만들 수 있는 액세서리는 많답니다.

단추와 매듭끈으로 팔찌를 만들어도 예쁘고,

클레이와 매듭끈으로 만든 목걸이는 가벼워서 좋아요!

도래매듭으로 만드는 포인트 팔찌

매듭팔찌 # 도래매듭 # easy_bracelet

》 완성 크기_ 손목 둘레 15 cm 이상
》 필요 시간_ 1시간 30분 이내
》 준비 재료_ 0.9 mm 민세사 끈 2 m, 큐빅 모티브
》 기본 도구_ 가위, 올풀림방지본드(수성접착제)

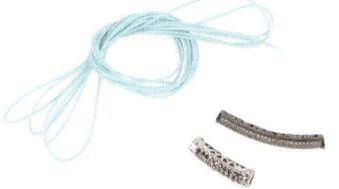

>> 만드는 법

① 끈을 반으로 접는다.
② 왼손으로 12 cm 떨어진 곳을 잡는다.
③ 아래쪽 끈으로 엄지 위에 고를 만든다.

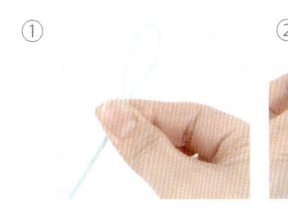 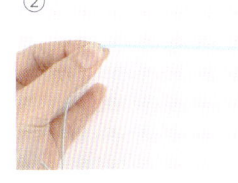 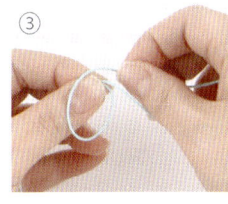

④ 고를 만든 끈 끝을 고 사이로 통과시킨다.
⑤ 고를 꺾어서 돌린다.
⑥ 고를 만들지 않은 끈으로 엄지 위에 두 번 째 고를 만든다.

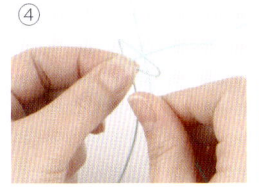  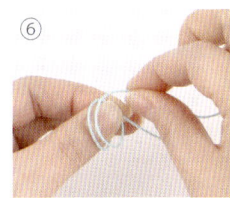

⑦ 두 번째 고를 만들었던 끈의 끝을 고 2개 사이로 아래에서 위로 통과시킨다.
⑧ 처음에 고를 만들었던 끈을 먼저 조인다.
⑨ 두 번째 고를 만든 끈을 잡아당긴다.

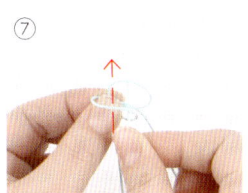 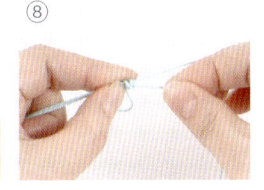 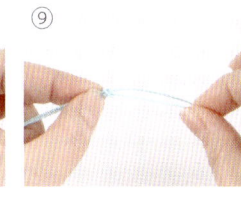

⑩ 양쪽 끈을 단단하게 잡아당긴다.
⑪ ③~⑩(도래매듭)을 반복하여 25개 만든다.
* ×무늬 중심이 일직선이 되게 해야 해요!

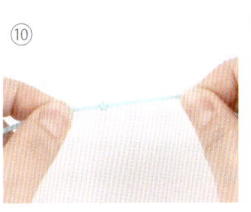 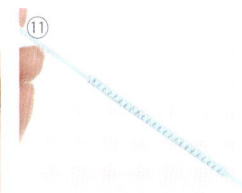 

⑫ 모티브장식을 끼운다.
⑬ 장식을 끼운 반대편에 도래매듭 25개를 더 만든다.
⑭ 매듭에서 2.5 cm 떨어진 곳에서 4가닥을 교차시켜 나란히 잡는다.

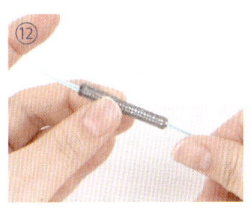 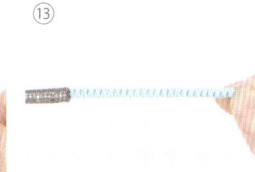 

⑮ ★끈으로 왼손 엄지 위로 고를 만든다.
⑯ 고를 만든 끈의 끝을 고 사이로 통과시킨다.
⑰ 통과시킨 끈을 잡아당긴다. 반대편도 같은 방법으로 매듭을 맺는다.

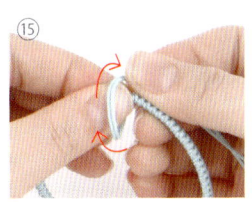  

⑱ 매듭에서 3 cm 정도 떨어진 지점에 도래매듭을 각 하나씩 맺는다.
⑲ 매듭 끝을 수성접착제로 마무리하면 완성!
* 라이터로 마무리하면 안 돼요! 그을려서 보기 흉해져요.

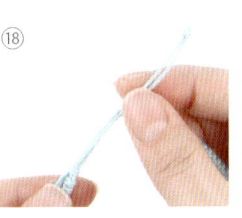 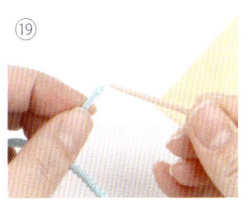

오른쪽 비틀어매기로 만드는 꽈배기 팔찌

매듭팔찌 # 비틀어매기 # 꽈배기팔찌

≫ 완성 크기_ 손목 둘레 15 cm 이상
≫ 필요 시간_ 1시간 이내
≫ 준비 재료_ 0.7 mm 나일론 끈(중심끈) 60 cm,
　　　　　　(맺는끈) 2가지 색상 각 90 cm, 모티브 장식
≫ 기본 도구_ 가위, 라이터

≫ 만드는 법

① 중심끈(60 cm)을 반 접는다.
② 중심에서 12 cm 떨어진 지점의 양쪽에 맺는끈을 놓는다.
* 여기서는 맺는끈 1가닥이 중심끈과 색이 같아요.

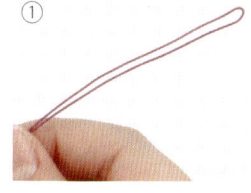 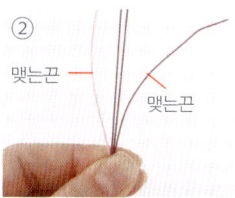

 끈을 고정하기 위해 셀로판테이프를 활용한다.

③ 오른쪽 맺는끈을 중심끈 위에 가로로 놓고, 그 위에 왼쪽 맺는끈을 놓는다.
④ 왼쪽 맺는끈을 사진처럼 중심끈과 오른쪽 맺는끈 사이로 아래에서 위로 통과시킨다.
⑤ 양쪽 맺는끈을 같은 힘으로 잡아당겨서 조인다.
* 자세한 그림은 33쪽을 참고하세요.
⑥ ③~⑤(오른쪽 비틀어매기)를 5 cm 정도까지 반복한다.
⑦ 중심끈과 맺는끈 4가닥을 한꺼번에 모티브에 끼운다.
⑧ 다시 오른쪽 비틀어매기(③~⑤)를 5 cm 정도 맺는다.
⑨ 맺는끈 2가닥을 1~2 mm 정도 남기고 가위로 자른 다음, 끝은 라이터로 마무리한다. 반대쪽도 같은 방법으로 마무리한다.
⑩ 중심끈의 반 접은 부분을 가로로 자른다.
⑪ 중심끈을 4가닥으로 교차시켜 겹쳐놓는다.
⑫ 평매듭을 4~5번 맺는다.
* ⑨에서 자르고 남은 끈으로 평매듭을 맺으세요.
⑬ 양 끝에 도래매듭을 맺으면 완성!
(평매듭 마무리 34쪽 참조)

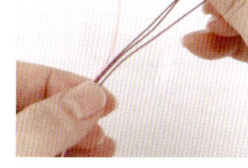 

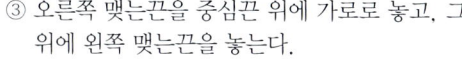

  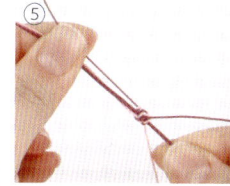

 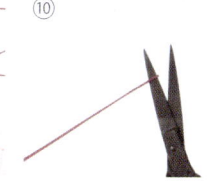 

평매듭으로 만드는 링 팔찌

매듭팔찌 # 평매듭 # ring

* 발목 둘레에 맞춰 좀 길게 만들면 발찌도 가능해요!

≫ 완성 크기_ 손목 둘레 15 cm 이상
≫ 필요 시간_ 1시간 30분 이내
≫ 준비 재료_ 0.7 mm 나일론 끈 3 m 정도, 고리장식
≫ 기본 도구_ 가위, 라이터

>> 만드는 법

① 끈은 110 cm(맺는끈) 2가닥, 40 cm(중심끈) 2가닥으로 자른다.
② 40 cm(중심끈) 1가닥을 반으로 접는다.
③ 반으로 접은 중심끈의 고리쪽에서 고리장식을 끼운다.
④ 끈의 고리 사이로 중심끈 2가닥의 끝을 통과시킨다.
⑤ 통과한 끈을 잡아당기는데, 여유 공간을 둔다.
⑥ 고리장식과 끈 사이 공간에 110 cm(맺는끈) 1가닥을 통과시킨다.

 노란색 끈이 중심끈이고, 빨간색 끈이 맺는 끈이에요. 이제 확실히 이해가 되셨죠!

  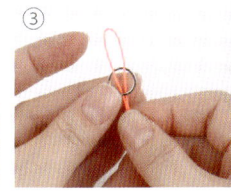
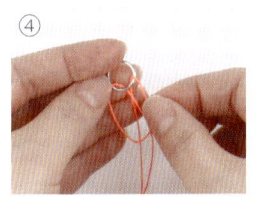  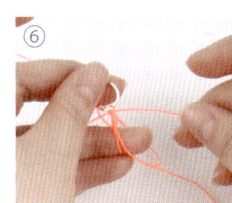
 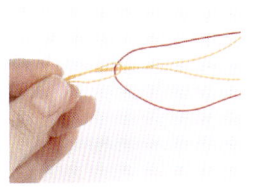

⑦ 맺는끈의 양쪽 길이가 같도록 중심을 맞추고, 바짝 잡아당긴다.
⑧ 반대편도 ②~⑦과 같은 방법으로 고리장식에 끈을 걸어준다.

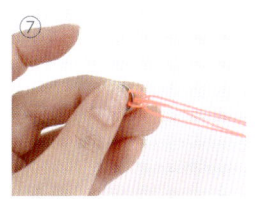  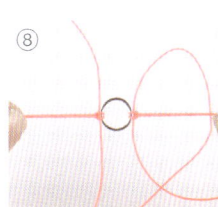

⑨ 양쪽에 평매듭을 6 cm 정도 맺는다.
★ 중심끈, ● 맺는끈
⑩ 중심끈이 아닌 맺는끈은 1~2 mm 정도 남기고 가위로 자른다.

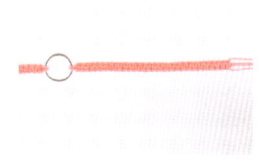  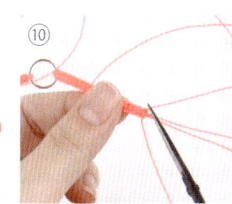

⑪ 맺는끈 끝은 라이터로 마무리한다. (35쪽 참조)
⑫ 중심끈 4가닥을 교차시켜 나란히 놓고 기둥끈 1가닥을 겹친 다음, 자르고 남은 끈으로 평매듭을 4~5번 맺는다. (33쪽 참조)
* 기둥끈은 끈 조절이 쉽게 공간을 주기 위한 끈이에요.
⑬ 기둥끈 1가닥은 빼낸다.
⑭ 평매듭 맺는끈을 자르고 라이터로 마무리한다.
⑮ 양 끝에 도래매듭을 맺는다. (29쪽 참조)
⑯ 끈은 1~2 mm 정도 남기고 자른 다음 라이터로 마무리하면 완성!

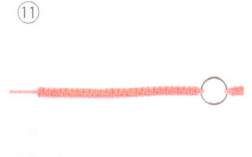  
 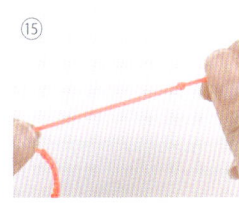 

평매듭으로 만드는 원석 팔찌

매듭팔찌 # 평매듭 # 원석팔찌

» 완성 크기_ 손목 둘레 15 cm 이상
» 필요 시간_ 1시간 이내
» 준비 재료_ 6~8 mm 라피스 원석 10알, 0.7 mm 나일론 끈 3 m
» 기본 도구_ 가위, 라이터

›› 만드는 법

① 끈을 50 cm(중심끈) 잘라서 반으로 접는다.
② 원석을 끼운다.
* 와이어를 반 접어서 반 접은 끈의 고리에 끼우면 원석을 쉽게 넣을 수 있어요.

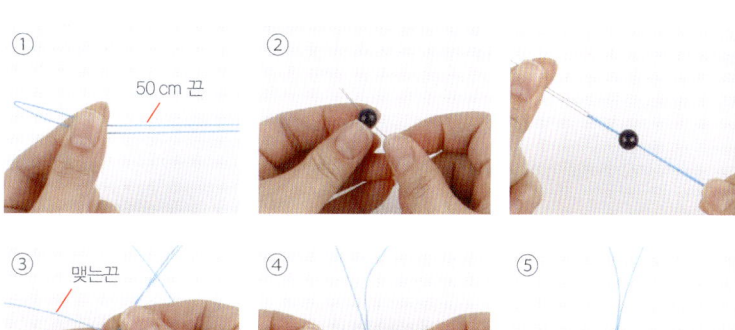

③ 2 m 50 cm 끈(맺는끈)을 반으로 접어 그 중심을 중심끈 끝에서 10 cm 떨어진 부분 뒤에 놓는다.
* 중심끈 양쪽으로 맺는끈 길이가 같게 해주세요!
④ 접은 반대편에서 10 cm 정도 떨어진 곳에 평매듭을 맺는다(왼쪽이 먼저).
⑤ 평매듭 3개가 1세트다.
⑥ 원석을 밀고 끈으로 원석을 감싼 다음, 평매듭을 3번 반복한다.
⑦ 원석이 움직이지 않게 단단하게 조이면서 한다.
⑧ 원석 8알까지 반복한다.
* 원석 크기에 따라 팔목 둘레를 고려하여 개수를 조절하세요.
⑨ 남은 맺는끈을 자르고 라이터로 마무리한다. (35쪽 참조)
⑩ 중심끈 4가닥을 사진처럼 나란히 놓는다.
⑪ 다른 색 1가닥을 기둥끈으로 같이 놓고, ⑨에서 자른 끈을 매듭 맺는끈으로 준비한다.
⑫ 평매듭을 4~5번 맺는다.
⑬ 기둥끈을 빼낸다.
⑭ 매듭하고 남은 끈을 자르고 라이터로 마무리한다.

 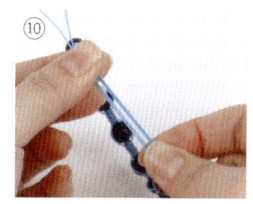 
 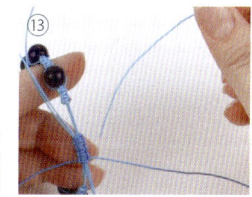 

⑮ 양 끝에 도래매듭을 맺고 자른다.
⑯ 자른 끈 끝을 라이터로 마무리하면 완성!

동심결매듭으로 만드는 이터널 팔찌

매듭팔찌 # 동심결매듭 # eternal

≫ 완성 크기_ 손목 둘레 15 cm 이상
≫ 필요 시간_ 1시간 30분
≫ 준비 재료_ 0.9 mm 민세사 3 m
≫ 기본 도구_ 송곳, 가위, 올풀림방지본드

≫ 만드는 법

① 끈을 반으로 접는다.
② 접은 곳에서 30 cm 떨어진 부분을 오른손으로 잡는다.
③ 위에 있는 끈으로 사진처럼 고를 만들어 오른손으로 잡는다.
④ 아래에 있는 끈도 사진처럼 잡는다. 이때 중심은 왼손으로 눌러줘야만 한다.
⑤ 오른쪽 2가닥을 위쪽 고와 왼쪽 끈 사이로 딱지 접듯이 접는다.
⑥ 위쪽 고를 그 위로 접는다.
⑦ 왼쪽 끈 2가닥을 오른쪽으로 접는다.
⑧ 아래쪽 고를 제일 처음에 접었던 고 사이로 통과시킨다.
⑨ 4면의 끈을 완전하게 잡아당긴다.
* 이때 끈이 꼬이지 않게 주의하세요.

⑩ 왼쪽 끈을 위쪽 고와 오른쪽 끈 사이로 접는다.
⑪ 위쪽 고를 그 위로 접는다.
⑫ 오른쪽 끈 2가닥을 왼쪽으로 접는다.

⑬ 아래에 있는 고를 ⑩에서 접은 후 생긴 고 사이로 통과시킨다.
⑭ 4면의 끈을 모두 잡아당긴다.
⑮ 송곳으로 맺은 방법과 반대로 잘 조인다.

⑯ 도래매듭을 맺는다.
⑰ 동심결 – 도래 – 동심결 – 도래 – 동심결 순으로 매듭을 맺는다.
* 가운데 동심결은 조금 크게 맺어 주세요.
⑱ 도래매듭을 1 cm 간격으로 7개를 맺는다.
* 팔목 둘레에 맞게 도래매듭 개수를 조절하세요.
⑲ 반대편에도 도래매듭 7개를 맺는다.
⑳ 길이 조절이 가능하게 마무리하면 완성!
 (34쪽 참조)

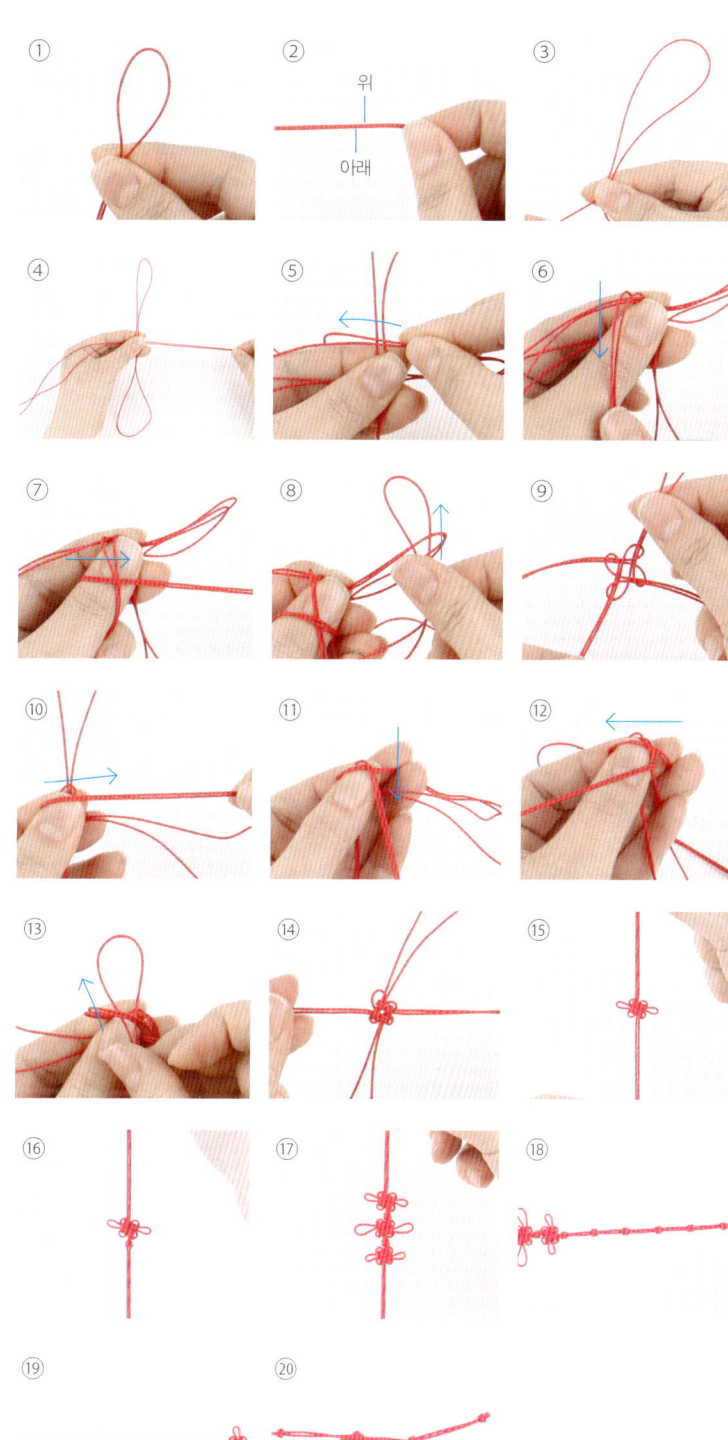

가락지매듭과 생쪽매듭으로 만드는 전통 매듭 팔찌

매듭팔찌 # 가락지매듭 # 생쪽매듭

≫ 완성 크기_ 손목 둘레 15 cm 이상
≫ 필요 시간_ 1시간 30분 이내
≫ 준비 재료_ 0.9 mm 민세사 2 m, 0.9 mm 금사 1 m
≫ 기본 도구_ 긴 이쑤시개(꼬챙이), 송곳, 공예용 수성접착제, 가위

≫ 만드는 법

가락지매듭 만들기

① 긴 이쑤시개에 금사를 1번 감는다.
② 사진처럼 2번째 감는다.

③ 송곳을 사용하여 위의 고리 1개를 들어올린다.
④ 아래에 있는 고를 걸어 위의 고 사이로 들어올린다.

⑤ 고를 만들고 길게 남아있는 끈을 고 사이로 아래에서 위로 끼운다.
⑥ 다음은 교차된 사이로 끈을 위에서 아래로 끼운다.
　⑤~⑥을 한 번 더 반복한다.

 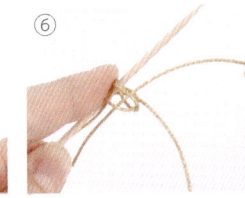

⑦ 끼운 끈들이 2겹이 될 때까지 반복한다.
⑧ 매듭 맺은 반대 방향으로 돌리면서 끈을 조인 다음 긴 이쑤시개는 제거한다.

 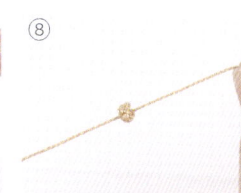

⑨ 만든 가락지매듭의 긴 끈을 매듭 가운데로 통과시킨다.
⑩ 끈을 자르면 가락지매듭 1개 완성이다.

⑪ 같은 방법으로 2개 더 만든다(총 3개).

생쪽매듭 만들기

⑫ 끈을 반으로 접는다.

⑬ 접은 부분에서 25 cm 떨어진 곳에 도래매듭을 맺는다.
 (도래매듭 29쪽 참조)

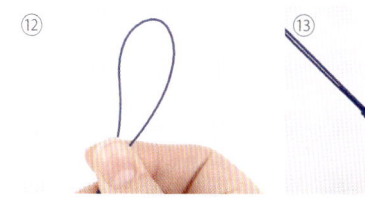
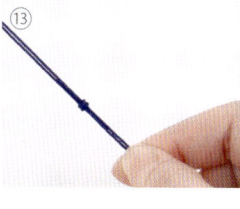

⑭ 매듭을 중심으로 접은 반대부분을 위로 하여 잡는다.

⑮ 왼쪽 끈을 접어 고를 만든다.

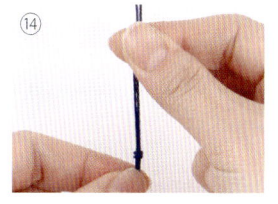
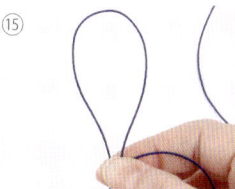

⑯ 고를 만든 끈으로 고 아래를 감는다.

⑰ 오른쪽 끈을 접어 고를 만든다.

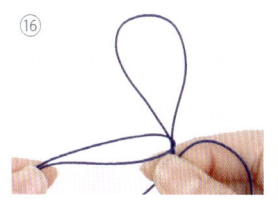

⑱ 오른쪽 고를 왼쪽 고 사이로 집어넣는다.

⑲ 오른쪽 끈을 뒤에서 앞으로 통과시킨다.

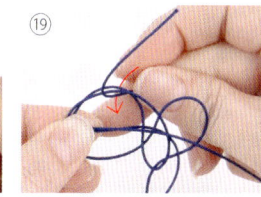

⑳ 井(정)자 모양으로 조인다.

㉑ 송곳으로 조인다.

* 고(★)는 조금씩 남겨주세요.

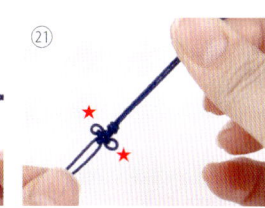

㉒ 도래매듭을 맺는다.

㉓ 가락지매듭을 끼운다.

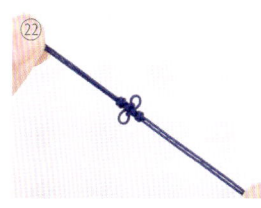

㉔ 다음과 같은 순서가 되게 매듭을 맺는다.
 도래 – 생쪽 – 도래 – 가락지매듭 끼우기 – 도래 – 생쪽 – 도래 – 가락지매듭 끼우기 – 도래 – 생쪽 – 도래 – 가락지매듭 끼우기 – 도래 – 생쪽 – 도래매듭 맺기

㉕ 길이 조절 가능한 매듭으로 마무리하면 완성! (34쪽 참조)

실 팔 찌

자수실로 만드는 팔찌입니다. 닳아서 저절로 끊어지면 소원이 이루어진다고 하여
목욕할 때에도 풀지 않고 팔에 감아 두는 일종의 부적을 의미하기도 합니다.
영어로는 *friendship bracelets*, 일본에서는 미산가라고 합니다.
다양한 패턴을 많이 볼 수 있습니다.

기본 재료

십자수실
색상이 다양하여 활용도가 높다.

가위
실을 자를 때 사용한다.

클립보드
실을 고정할 때 사용한다.

셀로판테이프
패턴을 맺을 때 실을 고정하기
위해 사용한다.

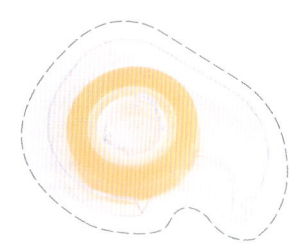

학교 다닐 때 실 팔찌를 직접 만들어본 추억이 있나요?

누군가가 교실에서 만들면 호기심에 다들 덩달아 만들었던 것 중 하나가 실 팔찌에요.

실을 책상에 테이프로 붙이고 꼬았었죠. 그때뿐인 줄 알았는데,

실 팔찌는 여전히 많이들 하는 듯해요.

외국 친구들도 보면 실 팔찌를 여러 개 하고 다니고.

착용을 쉽게 하려고 자석 잠금장치를 활용하기도 하고, 원석과 함께도 만들어봤어요.

물론 가장 쉽게 만들 수 있는 소원 팔찌도 있어요!

소원을 비는 마음으로 돌돌 감은 소원 팔찌

미산가 # 실팔찌 # 소원팔찌

》 완성 크기_ 손목 둘레 15 cm 이상
》 필요 시간_ 1시간 이내
》 준비 재료_ 십자수실 3가지 색상(DMC 598, 823, blanc) 각 90 cm
　　　　　　＊착용한 다른 팔찌 : DMC 742, 947, 891
》 기본 도구_ 가위

≫ 만드는 법

① 실 3가닥을 클립보드 위에 놓고 20 cm 정도 떨어진 곳에 셀로판테이프로 고정한다.
② 2가닥은 기둥실로, 1가닥은 엮는실로 한다.

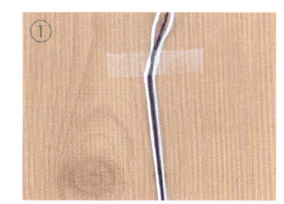 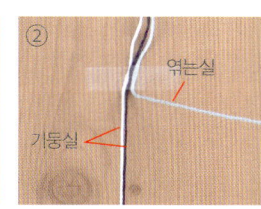

③ 그림처럼 엮는실이 기둥실 위로 오게 하여 고리를 만든다.
④ 고리 사이로 엮는실의 끝을 통과시킨다.

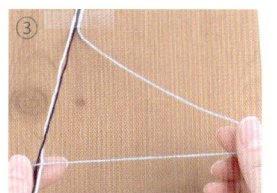 

⑤ 엮는실을 위로 잡아당긴다.
⑥ ③~⑤를 3 cm 정도까지 반복한다.

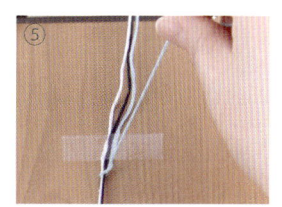 

⑦ 엮는실을 다른 색으로 바꿔 다시 3 cm 정도 감는다.
  * 색상 배열이나 감는 길이는 팔목 둘레에 맞게 조절하세요.

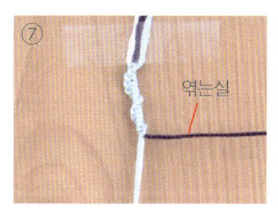 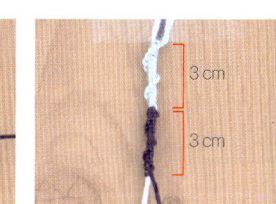

⑧ 계속 색을 바꿔가면서 길이가 15 cm 정도가 될 때까지 반복한다.
⑨ 남아있는 3가닥을 5 cm 정도 땋는다.

⑩ 한꺼번에 묶은 다음 1 cm 정도 남기고 가위로 자른다.
⑪ 반대편에 남겨놓은 3가닥도 땋아 한꺼번에 묶으면 완성!

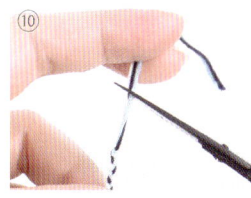 

착용이 편리한 캐주얼 팔찌

실팔찌 # 캐주얼팔찌 # casual

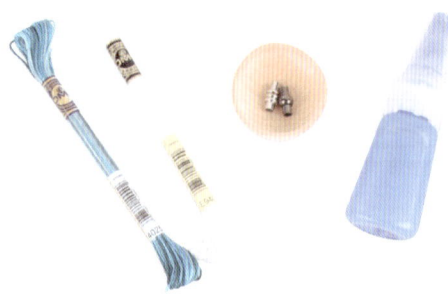

≫ 완성 크기_ 손목 둘레 15 cm
≫ 필요 시간_ 50분 이내
≫ 준비 재료_ 야광실과 그러데이션 실(DMC 4025) 60 cm 정도 5가닥
  * 실 색상 선택은 자유! 5가닥이 필요
≫ 기본 도구_ 가위, 클립보드, 자석 잠금장식, 순간접착제

≫ 만드는 법

① 실 5가지를 각각 반으로 접는다.
② 접은 실의 끝을 함께 잡는다.
③ 잡은 10가닥을 잡고 한꺼번에 묶는다.

④ 매듭 부분을 클립보드에 끼워 고정시킨다.
⑤ 사진처럼 실 고리에 손가락을 건다.
* 색상 순서는 상관없어요.
⑥ 안 쓰는 오른쪽 4번째 손가락을 왼손 4번째(약지) → 3번째(중지) 순서로 통과시킨다.

⑦ 두 고리 사이에 왼손 2번째 손가락(검지)에 있는 고리를 걸어 사진처럼 잡아 뺀다.
⑧ 왼손 실 고리를 위로 한 칸씩 이동시킨다.

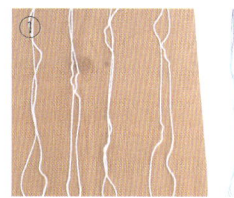 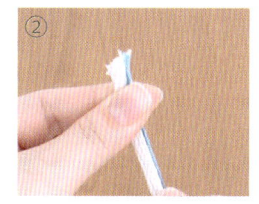 
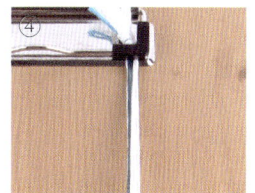  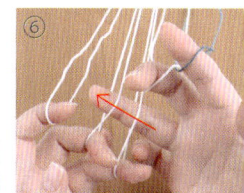
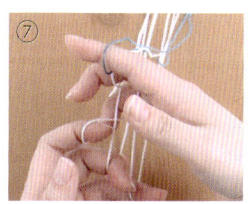 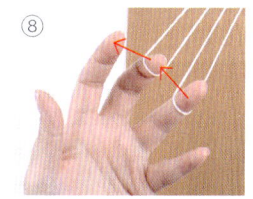 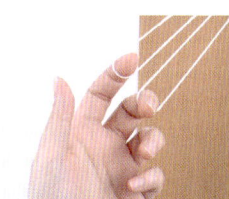

⑨ 왼손의 4번째 손가락을 오른쪽 4번째(약지) → 3번째(중지)의 고리로 통과시킨다.
⑩ 두 고리 사이에 오른손 2번째 손가락(검지)에 있는 고리를 걸어 사진처럼 잡아 뺀다.
⑪ ⑥~⑩을 20 cm 정도가 될 때까지 반복한다.
* 반복할 때 고리에서 손가락이 빠지지 않도록 주의하세요!
⑫ 왼손 손가락 하나에 실 고리를 모두 합친다.
⑬ 셀로판테이프로 한꺼번에 말아준다.
⑭ 클립보드에 끼워둔 반대편도 매듭 아랫부분을 셀로판테이프로 단단하게 말아준다.

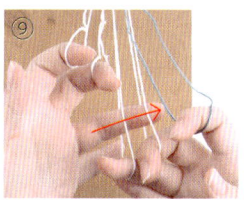 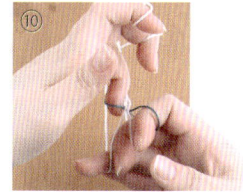 
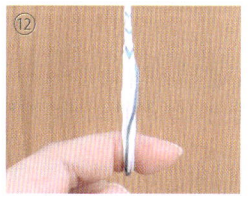 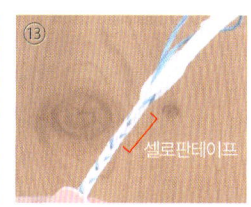 

⑮ 셀로판테이프를 3 mm 정도 남기고 가위로 실을 자른다.
⑯ 자석 잠금장식 한쪽의 구멍 안에 순간접착제를 바른다.
⑰ 접착제를 바른 구멍에 실 끝을 넣어 붙인다.
⑱ 반대편도 실 끝을 넣어 붙이면 완성!
* 자석 잠금장식의 구멍 크기가 다양하므로, 자석 구멍이 클 경우 셀로판테이프를 더 말아서 구멍 크기에 맞추세요. 작을 경우에는 더욱 타이트하게 테이프로 말아주면 돼요.

4색 사선에 비즈를 더한 **블링블링 사선 팔찌**

실팔찌 # 사선팔찌 # 블링블링

≫ 완성 크기_ 약 23 cm
≫ 필요 시간_ 2시간
≫ 준비 재료_ 십자수실 4가지 색상 각 1 m씩 2가닥, 비즈바늘, 투명 퀼트실, 은색볼
　　　　　　사진 : DMC 601, 603, 814, 963
　　　　　　만들기 : DMC 336, 798, 813, blanc
　　　　　　*비즈바늘이 없는 경우 일반 바느질 바늘도 사용 가능해요.
≫ 기본 도구_ 셀로판테이프, 가위, 클립보드

≫ 만드는 법

① 실 8가닥을 사진과 같이 배치한다.
② A실(엮는실)은 왼손으로, B실(고정실)은 오른손으로 잡는다. (오른쪽부터 A… → H 순서)
* 엮는실은 제일 오른쪽에 있는 실로 고정이 되나 고정실은 계속 왼쪽으로 이동해요!
③ A실을 B실 위에 올려 고리를 만든다.
④ 고리 사이로 A실을 통과시켜 위로 잡아당긴다. 이때 B실은 아래로 팽팽하게 잡아당긴다.
⑤ 같은 방법으로 한 번 더 엮는다(총 2번).
* 2번씩 엮어 주는 게 포인트!!!
⑥ 같은 방법으로 A실과 C실을 사용하여 2번 엮는다.

⑦ D실을 고정실, A실을 엮는실로 하여 동일한 방법으로 2번 엮는다.
⑧ 동일한 방법으로 E → F → G → H의 순서로 엮는다.
⑨ B~H의 실을 모두 엮으면 첫 번째 줄이 완성된다.
* 一자로 보이지만 사선으로 맞어져요!
⑩ 엮는실을 1가닥씩 옮겨가며 8번 반복하면 1세트가 된다.
⑪ 원하는 팔목 둘레보다 조금 짧게(약 15 cm) 엮는다.
⑫ 8가닥을 3등분한(3/2/3) 후 7 cm 땋고 한꺼번에 묶는다. 반대편도 같은 방법으로 마무리한다.
⑬ 투명 퀼트실을 꿴 비즈바늘을 팔찌 옆선에서 볼록 나온 부분에 꽂는다.
⑭ 바늘에 은색볼 1개를 끼우고 바로 위 볼록 나온 부분에 바늘을 꽂는다.

⑮ 팔찌 옆선을 따라 끝까지 은색볼을 바느질하면 완성!
* 바느질 마무리는 팔찌 뒷면에서 여러 땀을 뜨고 실을 잘라주세요.

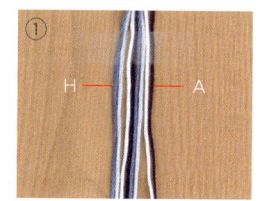
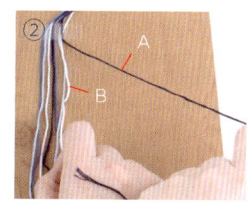
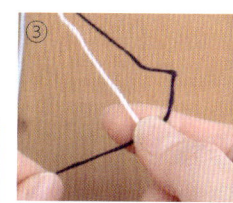
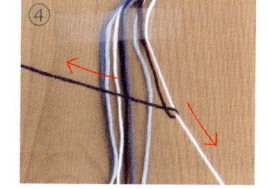
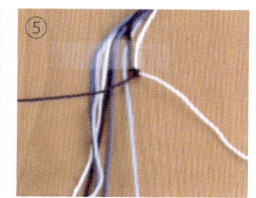
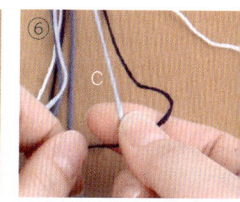
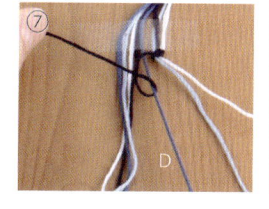
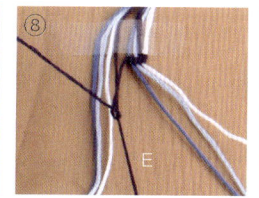
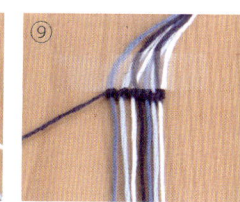

원석과 V자 무늬를 함께 한 유니크 팔찌

실팔찌 # 유니크팔찌 # V자무늬

- » 완성 크기_ 약 17cm
- » 필요 시간_ 1시간 30분 이내
- » 준비 재료_ 십자수실 4가지 색상(DMC 500, 562, 991, ECRU)
  * 사진 : DMC 434, 720, 741, 977
  각 90 cm, 6 mm 침수정 원석 9개, 와이어 40 cm, 금속 고리장식 2개(소 1, 대 1), 누름볼 2개, 랍스터
- » 기본 도구_ 가위, 셀로판테이프, 클립보드, 평집게, 니퍼

≫ 만드는 법

① 와이어에 누름볼 1개를 끼운다.
② 금속장식 1개를 끼운다.

③ 누름볼에 와이어 끝을 끼운다(나온 데로 들어가게).
④ 누름볼로 금속장식을 끝으로 바짝 밀고 평집게로 누른다.

⑤ 원석 9알을 와이어에 끼운다.
⑥ 또 누름볼 1개를 끼운다.

⑦ 랍스터를 끼운다.
⑧ 와이어 끝을 누름볼에 끼운다(나온 데로 들어가게).

⑨ 누름볼의 배꼽을 누른다.

⑩ 실 4가닥을 한꺼번에 반으로 접어 고리를 만든다.
⑪ 실 고리를 금속 고리장식(소)에 통과시킨다.

TIP 금속장식 구멍에 잘 들어가지 않을 때는 와이어를 반으로 접어 바늘처럼 사용한다.

⑫ 실 고리 사이로 실의 끝을 통과시켜 금속장식에 단단하게 고정시킨다.
⑬ 클립보드에 랍스터를 걸고 팽팽하게 잡아당긴 다음 사진과 같이 셀로 판테이프로 고정시킨다.

 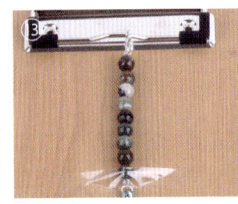

⑭ 사진과 같이 실의 위치를 놓는다.
* 가운데 2가닥은 같은 색, 좌우는 색이 대칭되게 놓아야 해요.
* 사선팔찌와 달리 왼쪽 A부터 D, 오른쪽 H부터 E의 순서로 V자로 만나게끔 맺어요.
⑮ A실은 오른손, B실은 왼손으로 잡고 A실을 B실 위에 올려 고리를 만든다.

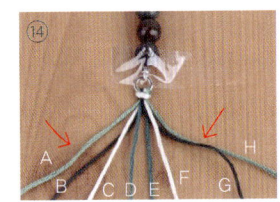 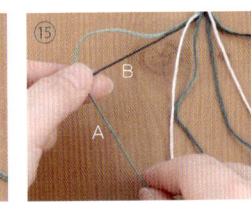

⑯ A실 끝을 고리 사이로 통과시킨 다음 A실은 위로, B실은 아래로 팽팽하게 잡아당긴다. ⑮, ⑯을 한 번 더 반복한다.
* 매듭의 색은 A실이 되어야 해요!
⑰ A실은 오른손, C실은 왼손으로 잡고 A실을 C실 위에 올려 고리를 만든다.

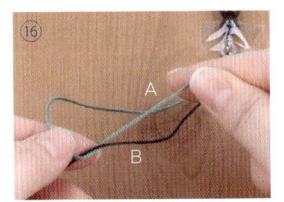 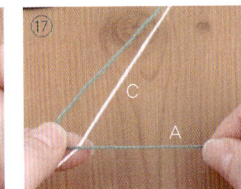

* A실을 맺는 실로 하여 B→C→D 순서로 매듭을 맺어주세요!
⑱ A실 끝을 고리 사이로 통과시킨 다음 A실은 위로, C실은 아래로 팽팽하게 잡아당긴다. ⑰, ⑱을 한 번 더 반복한다.
⑲ A실은 오른손, D실은 왼손으로 잡고 A실을 D실 위에 올려 고리를 만든다.

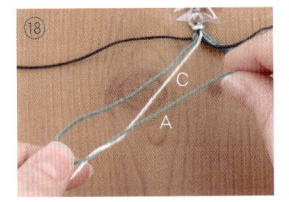 

⑳ A실 끝을 고리 사이로 통과시킨 다음 A실은 위로, D실은 아래로 팽팽하게 잡아당긴다. ⑲, ⑳을 한 번 더 반복한다.
㉑ G실은 오른손, H실은 왼손으로 잡고 H실을 G실 위에 올려 고리를 만든다.

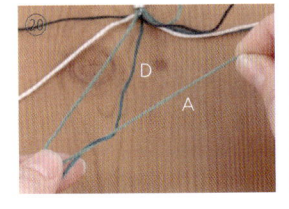 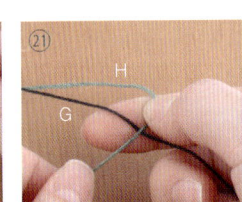

㉒ H실 끝을 고리 사이로 통과시킨 다음 H실은 위로, G실은 아래로 팽팽하게 잡아당긴다. ㉑, ㉒를 한 번 더 반복한다.
㉓ F실은 오른손, H실은 왼손으로 잡고 H실을 F실 위에 올려 고리를 만든다.

 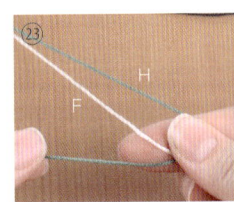

㉔ H실 끝을 고리 사이로 통과시킨 다음 H실은 위로, F실은 아래로 팽팽하게 잡아당긴다. ㉓, ㉔를 한 번 더 반복한다.
㉕ E실은 오른손, H실은 왼손으로 잡고 H실을 E실 위에 올려 고리를 만든다.

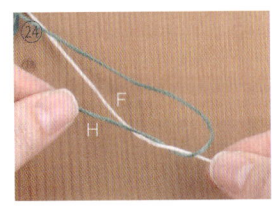 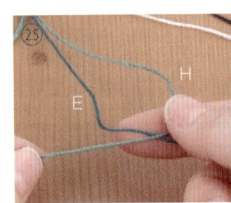

㉖ H실 끝을 고리 사이로 통과시킨 다음 H실은 위로, E실은 아래로 팽팽하게 잡아당긴다. ㉕, ㉖을 한 번 더 반복한다.

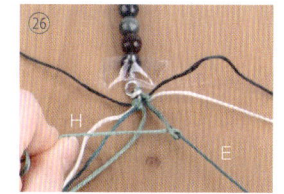 

㉗ 같은 색의 실이 가운데서 만나면, D실은 오른손, E실은 왼손으로 잡고 E실을 D실 위에 올려 고리를 만든다.
㉘ E실 끝을 고리 사이로 통과시킨 다음 E실은 위로, D실은 아래로 팽팽하게 잡아당긴다. ㉗, ㉘을 한 번 더 반복한다.

 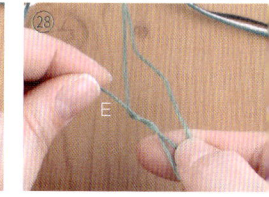

㉙ V자 무늬 1개 완성이다.
㉚ ⑮~㉘까지 반복하여 두 번째 V자 무늬를 완성한 모양이다.

㉛ 같은 방법으로 세 번째 V자 무늬를 완성한 모양이다.
㉜ 네 번째 V자 무늬를 완성한 모양이다. V자 무늬 4개가 1세트다.

㉝ ⑮~㉜까지를 5번 더 반복한다(총 6번).
㉞ 8가닥 중의 한 쪽 4가닥에만 금속 고리장식(대)을 통과시킨다.

 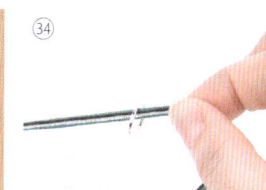

㉟ 8가닥을 한꺼번에 묶는다.
㊱ 3cm 정도 떨어진 지점을 잘라주면 완성!

TIP 비즈 사용하지 않고 V자 매듭만 맺은 경우

러브 러브 하트 팔찌

실팔찌 # 하트팔찌 # 러브러브

>> 완성 크기_ 약 23 cm
>> 필요 시간_ 2시간 이내
>> 준비 재료_ 십자수실 2가지 색상(DMC 336, blanc) 각 1 m씩 4가닥
   *빨간 하트 팔찌 : DMC 321, E940
>> 기본 도구_ 가위, 셀로판테이프, 클립보드

≫ 만드는 법

① 실 8가닥을 그림처럼 배치하고 실 끝에서 15 cm 떨어진 곳을 셀로판 테이프로 고정한다.
② A실은 오른손, B실은 왼손으로 잡는다.

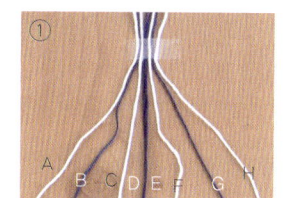 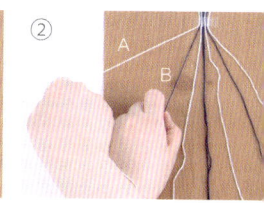

③ A실을 B실 위에 올려 고리를 만든다.
④ 고리 사이로 A실을 통과시킨다.

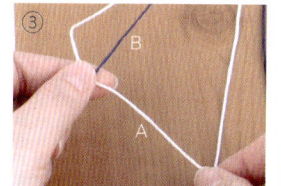 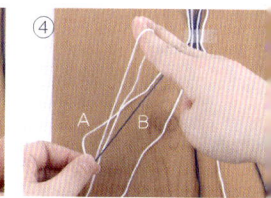

⑤ A실은 위로 잡아당기고, B실은 아래로 팽팽하게 잡아당긴다.
⑥ A실은 왼손, B실은 오른손으로 잡는다.
* 실을 잡는 손이 바꼈기 때문에 맺는 실 방향이 바뀌어요.

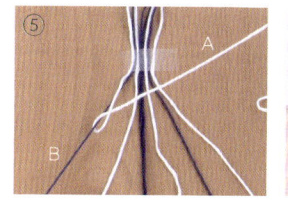 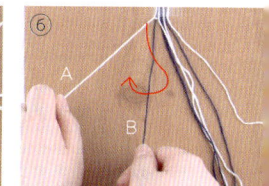

⑦ A실을 B실 위에 올려 고리를 만든다.
⑧ 고리 사이로 A실을 통과시킨다.

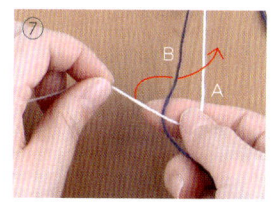 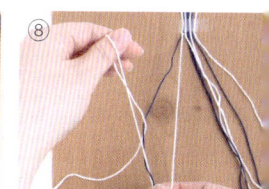

⑨ A실은 위로 잡아당기고, B실은 아래로 팽팽하게 잡아당긴다.
⑩ H실은 왼손, G실은 오른손으로 잡는다.

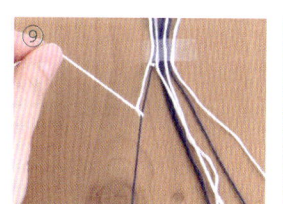 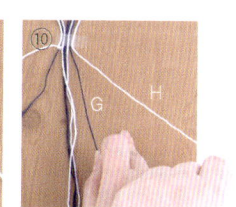

⑪ H실을 G실 위에 올려 고리를 만든다.
⑫ 고리 사이로 H실을 통과시킨다.

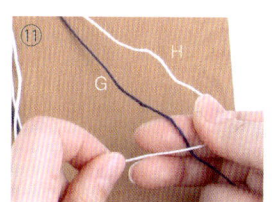 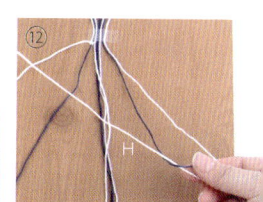

⑬ H실은 위로 잡아당기고, G실은 아래로 팽팽하게 잡아당긴다.
⑭ H실은 오른손, G실은 왼손으로 잡는다.
* 맺는 실 방향이 바뀌어요.

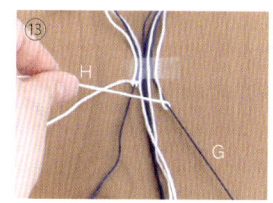 

⑮ H실을 G실 위에 올려 고리를 만들어 통과시킨다.

⑯ H실은 위로 잡아당기고, G실은 아래로 팽팽하게 잡아당긴다.

⑰ B실은 왼손, C실은 오른손으로 잡는다.

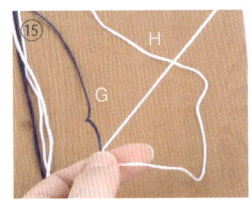 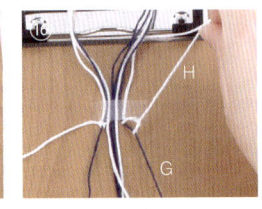 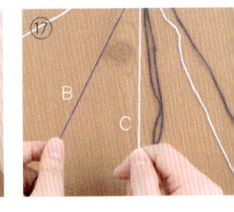

⑱ C실을 B실 위에 올려 고리를 만든다.

⑲ 고리 사이로 C실을 통과시킨 다음 C실은 위로, B실은 아래로 잡아당긴다. ⑰~⑲를 1번 더 반복한다.

⑳ D실은 왼손, C실은 오른손으로 잡고 C실을 D실 위에 올려 고리를 만든다.

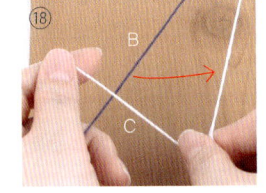 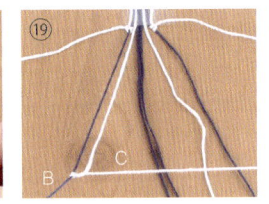 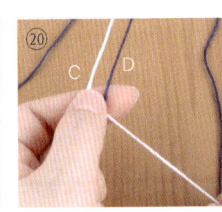

㉑ 고리 사이로 C실을 통과시킨 다음 C실은 위로, D실은 아래로 팽팽하게 잡아당긴다. ⑳, ㉑을 1번 더 반복한다.

㉒ G실은 왼손, F실은 오른손으로 잡는다.

㉓ F실을 G실 위에 올려 고리를 만든다.

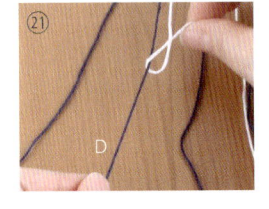 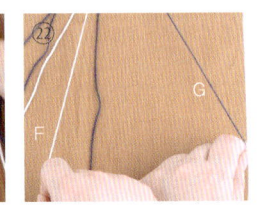 

㉔ 고리 사이로 F실을 통과시킨 다음 F실은 위로, G실은 아래로 팽팽하게 잡아당긴다.

㉕ F실은 왼손, G실은 오른손으로 잡는다.

㉖ F실을 G실 위에 올려 고리를 만든다.

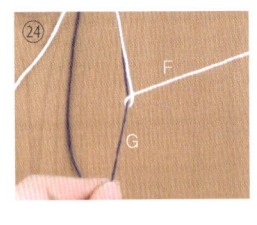  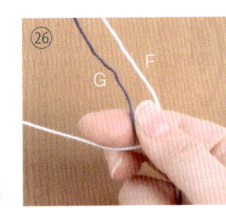

㉗ 고리 사이로 F실을 통과시킨 다음 F실은 위로, G실은 아래로 팽팽하게 잡아당긴다.

㉘ E실은 오른손, F실은 왼손으로 잡고, F실을 E실 위에 올려 고리를 만든다.

㉙ 고리 사이로 F실을 통과시킨 다음 F실은 위로, E실은 아래로 팽팽하게 잡아당긴다. ㉘, ㉙를 1번 더 반복한다.

㉚ 사진과 같이 가운데 C실과 F실이 남는다.

㉛ F실은 왼손, C실은 오른손으로 잡는다.

㉜ 사진과 같이 F실을 C실로 위에 올려 고리를 만든다.

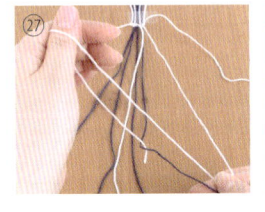 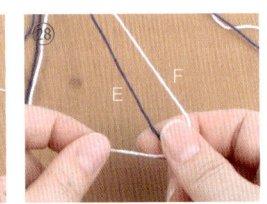 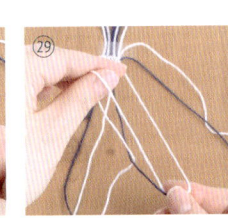

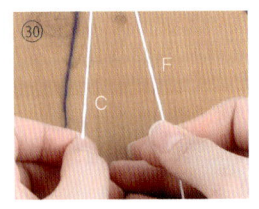 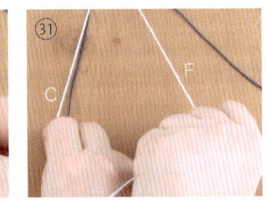 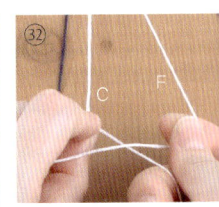

㉝ 고리 사이로 F실을 통과시킨 다음 F실은 위로, C실은 아래로 팽팽하게 잡아당긴다. ㉛~㉝을 1번 더 반복한다.

㉞ D실은 왼손, B실은 오른손으로 잡는다.

㉟ B실을 D실 위에 올려 고리를 만든 다음 통과시킨다.

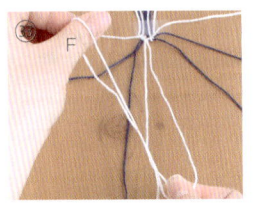 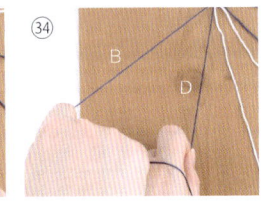 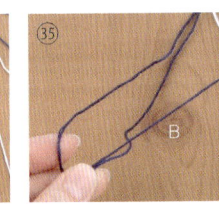

㊱ B실은 위로, D실은 아래로 팽팽하게 잡아당긴다. ㉞~㊱을 1번 더 반복한다.

㊲ F실은 왼손, B실은 오른손으로 잡고 B실을 F실 위에 올려 고리를 만든다.

㊳ 고리 사이로 B실을 통과시킨 다음 B실은 위로, F실은 아래로 팽팽하게 잡아당긴다. ㊲, ㊳을 1번 더 반복한다.

㊴ G실은 왼손, E실은 오른손으로 잡는다.

㊵ G실을 E실 위에 올려 고리를 만든 다음 통과시킨다.

㊶ G실은 위로, E실은 아래로 팽팽하게 잡아당긴다. ㊴~㊶을 1번 더 반복한다.

㊷ G실은 왼손, C실은 오른손으로 잡는다.

㊸ G실을 C실 위에 올려 고리를 만든 다음 통과시킨다.

㊹ G실은 위로, C실은 아래로 팽팽하게 잡아당긴다. ㊷~㊹를 1번 더 반복한다.

㊺ 사진과 같이 가운데 B실과 G실이 남는다.

㊻ B실은 오른손, G실은 왼손으로 잡는다.

㊼ 사진과 같이 G실을 B실 위에 올려 고리를 만든다.

㊽ 고리 사이로 G실을 통과시킨 다음 G실은 위로, B실은 아래로 팽팽하게 잡아당긴다. ㊻~㊽을 1번 더 반복한다.

㊾ 두 번째 줄까지 한 모양이다.

㊿ A실은 오른손, D실은 왼손으로 잡고 고리를 만들어 D실을 통과시킨 다음 D실은 위로, A실은 아래로 팽팽하게 잡아당긴다. 1번 더 반복한다.

㉛ E실은 오른손, H실은 왼손으로 잡고 고리를 만들어 E실을 통과시킨 다음 E실은 위로, H실은 아래로 팽팽하게 잡아당긴다. 1번 더 반복한다.

㉜ A실은 오른손, F실은 왼손으로 잡고 고리를 만들어 A실을 통과시킨 다음 A실은 위로, F실은 아래로 팽팽하게 잡아당긴다. 1번 더 반복한다.

㉝ A실은 오른손, G실은 왼손으로 잡고 고리를 만들어 A실을 통과시킨 다음 A실은 위로, G실은 아래로 팽팽하게 잡아당긴다. 1번 더 반복한다.

㉞ C실 오른손, H실은 왼손으로 잡고 고리를 만들어 H실을 통과시킨 다음 H실은 위로, C실은 아래로 팽팽하게 잡아당긴다.

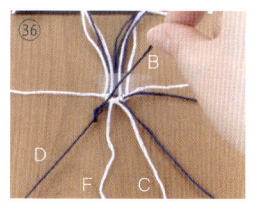
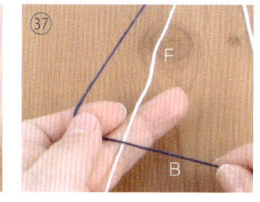

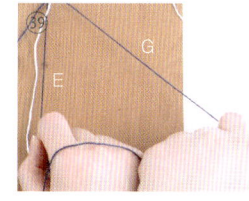
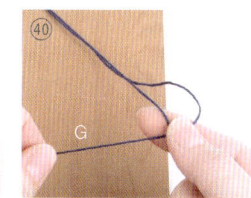
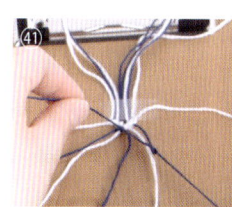
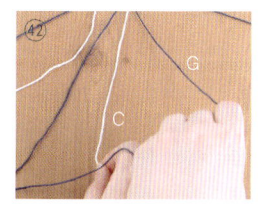
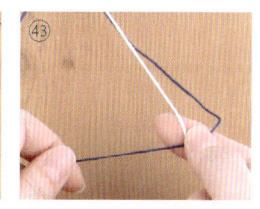
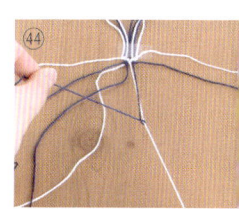
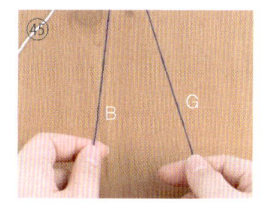
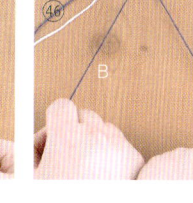
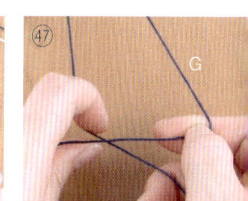
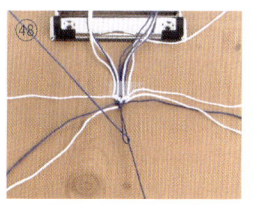
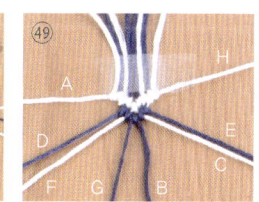
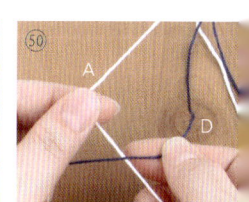
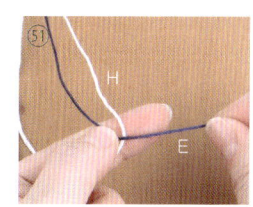
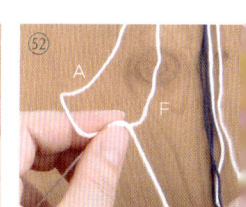
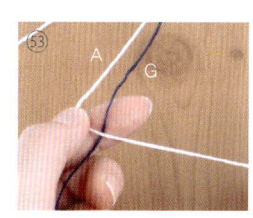
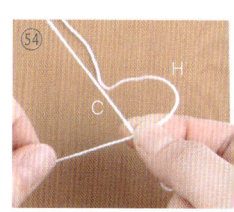

(55) B실은 오른손, H실은 왼손으로 잡고 고리를 만들어 H실을 통과시킨 다음 H실은 위로, B실은 아래로 팽팽하게 잡아당긴다. 1번 더 반복한다.

(56) A실은 오른손, H실은 왼손으로 잡고 고리를 만들어 H실을 통과시킨 다음 H실은 위로, A실은 아래로 팽팽하게 잡아당긴다. 1번 더 반복한다.

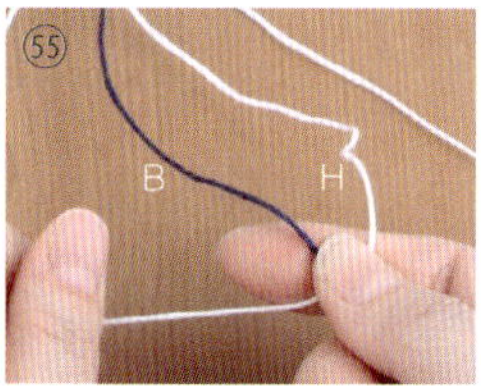

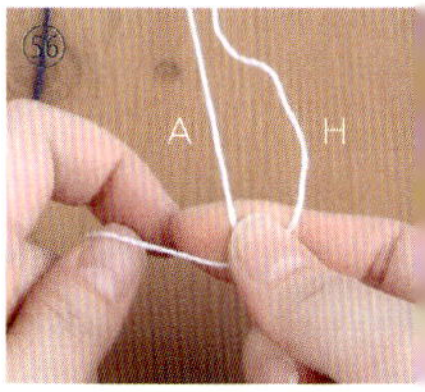

(57) 세 번째 줄을 완성한 모양이다.

(58) D실은 오른손, F실은 왼손으로 잡고 고리를 만들어 D실을 통과시킨 다음 D실은 위로, F실은 아래로 팽팽하게 잡아당긴다. 1번 더 반복한다.

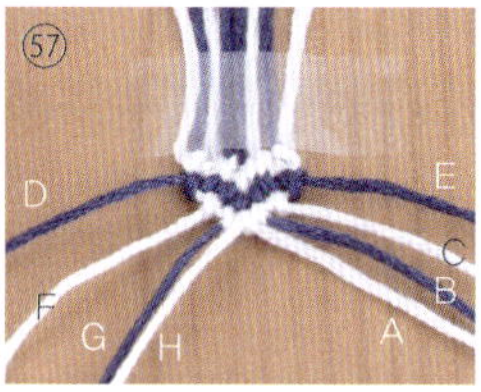

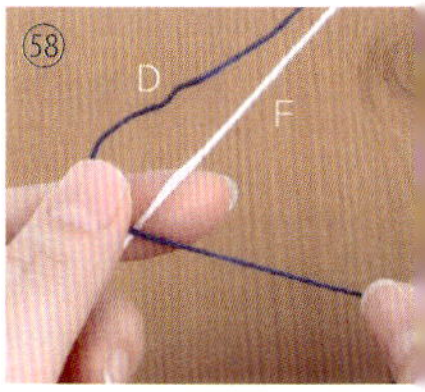

(59) D실은 오른손, G실은 왼손으로 잡고 고리를 만들어 D실을 통과시킨 다음 D실은 위로, G실은 아래로 팽팽하게 잡아당긴다. 1번 더 반복한다.

(60) D실은 오른손, H실은 왼손으로 잡고 고리를 만들어 D실을 통과시킨 다음 D실은 위로, H실은 아래로 팽팽하게 잡아당긴다. 1번 더 반복한다.

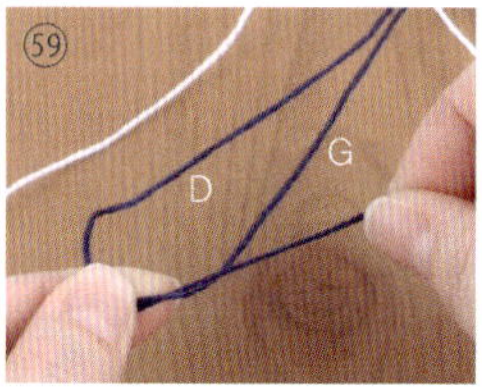

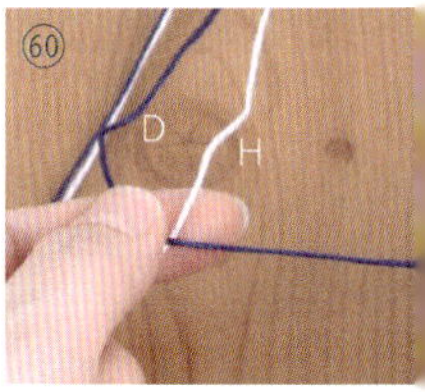

(61) E실은 왼손, C실은 오른손으로 잡고 고리를 만들어 E실을 통과시킨 다음 E실은 위로, C실은 아래로 팽팽하게 잡아당긴다. 1번 더 반복한다.

(62) E실은 왼손, B실은 오른손으로 잡고 고리를 만들어 E실을 통과시킨 다음 E실은 위로, B실은 아래로 팽팽하게 잡아당긴다. 1번 더 반복한다.

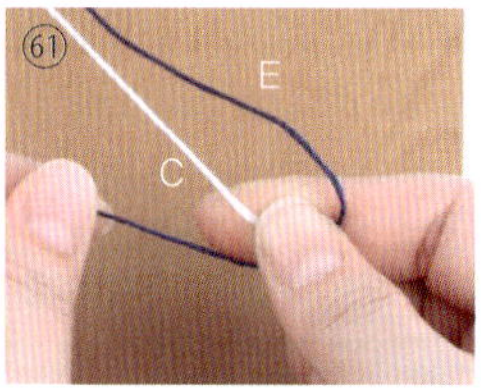

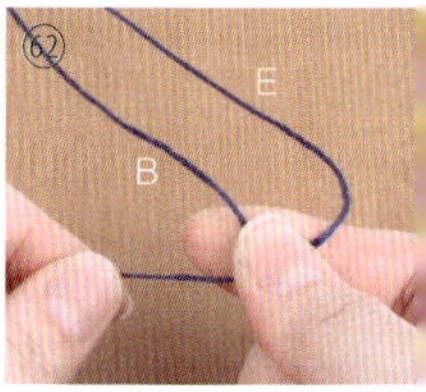

(63) E실은 왼손, A실은 오른손으로 잡고 고리를 만들어 E실을 통과시킨 다음 E실은 위로, A실은 아래로 팽팽하게 잡아당긴다. 1번 더 반복한다.

(64) E실은 왼손, D실은 오른손으로 잡고 고리를 만들어 E실을 통과시킨 다음 E실은 위로, D실은 아래로 팽팽하게 잡아당긴다. 1번 더 반복한다.

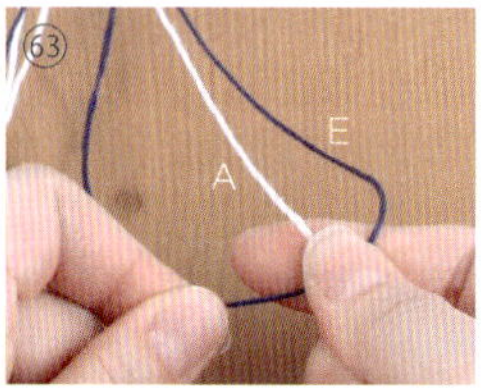

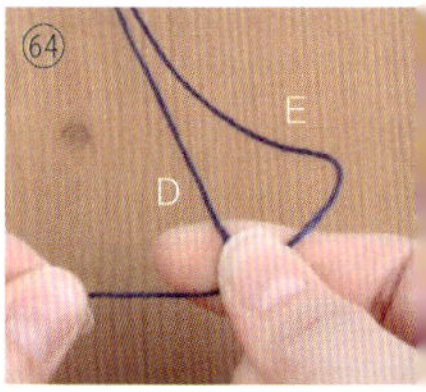

(65) 네 번째 줄까지 하면 하트 모양 하나 완성이다.

(66) 하트 만드는 과정을 10번 더 반복한다(하트 총 11개).

(67) 남은 실을 3가닥, 2가닥, 3가닥으로 3등분하여 5~7 cm 땋는다.

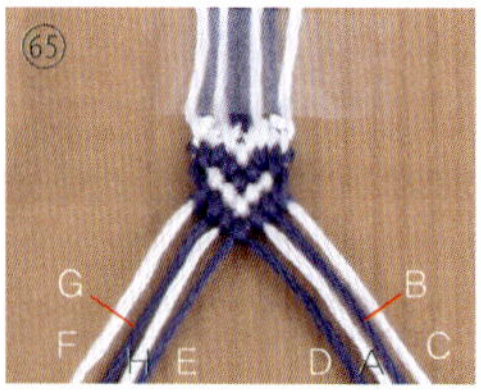

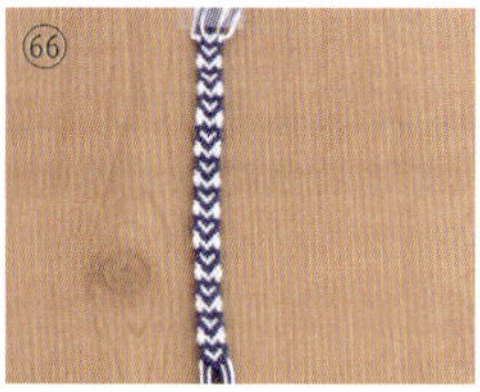

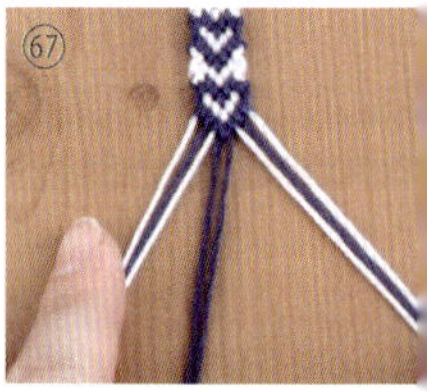

(68) 땋은 나머지 실은 한꺼번에 묶어 마무리한다.

(69) 반대쪽도 같은 방법으로 땋아 마무리하면 완성!

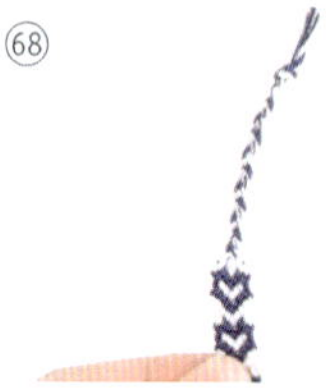

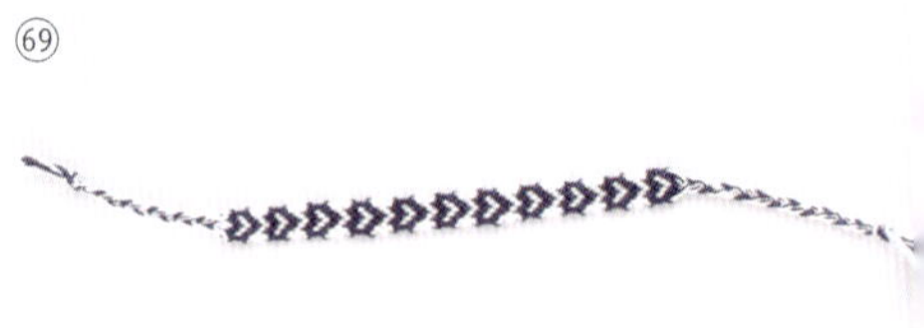

대바늘이나 코바늘로 뜨개 기법을 다양하게 활용하여 만드는 팔찌입니다.
뜨는 실의 종류에 따라, 사용하는 뜨개 기법에 따라 여러 가지 디자인을 연출할 수
있습니다. 또 다양한 부재료를 활용하여 색다른 디자인을 만들어낼 수 있습니다.

기본 재료

뜨개실
뜨개에 사용하는 실은 소재에 따라 모사, 면사, 혼방사 등 종류가 다양하다.

자수실
십자수실을 이용하여 뜨개를 하기도 하고, 단추를 달 때 사용한다.

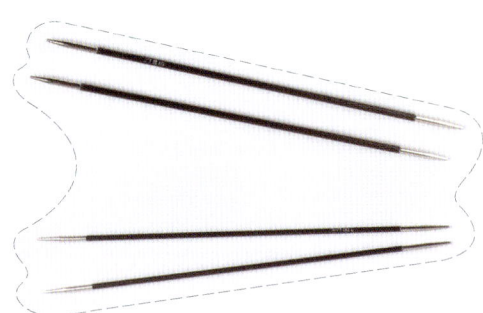

장갑바늘
바늘이 줄로 연결되어 있지 않은 짧은 막대바늘로 원형뜨기용 바늘이다. 작은 편물을 뜰 때 많이 사용하며, 2개 또는 3개 이상 같이 사용 가능하다. 호수의 숫자가 클수록 바늘의 굵기가 굵다.

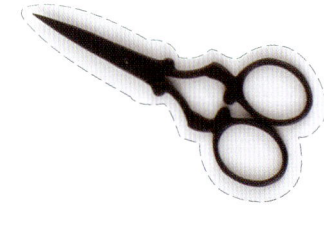

가위
실을 자를 때 사용한다.

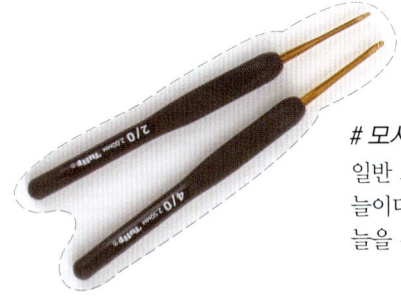

모사용 코바늘
일반 뜨개실에 사용하는 코바늘이다. 실의 두께에 맞는 코바늘을 선택하여 사용한다.

단추
장식용으로 또는 팔찌 마감용으로 사용한다.

돗바늘
뜨개실로 바느질할 때 사용하는 코가 두꺼운 바늘이다.

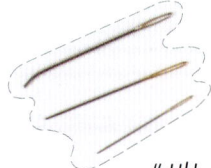

바느질 바늘
자수실로 단추를 달 때 사용한다.

기본 기법

대바늘

시작코 만들기

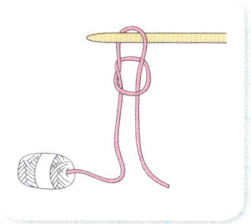 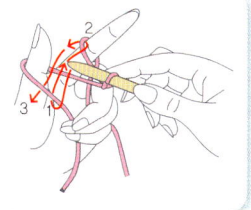 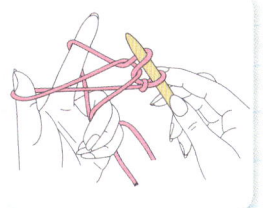 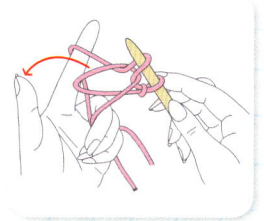

① 그림과 같이 고리를 만들어 바늘을 넣는다.

② 왼손에 그림과 같이 실을 감은 다음 오른손 바늘을 1→2→3 순서대로 넣는다.

③ 실을 감은 바늘을 엄지에서 뺀다.

④ 왼쪽 엄지에 걸린 고리를 빼고, 실을 잡아당긴다.

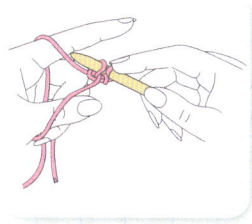

⑤ 바늘에 코가 만들어진다. ②~④를 반복해서 코를 만든다.

겉뜨기 | |

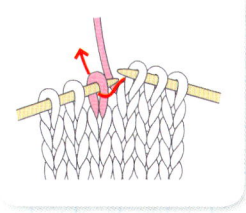 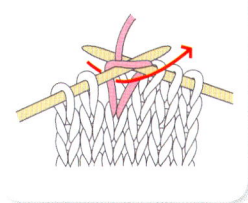 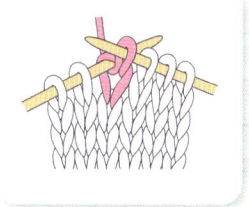 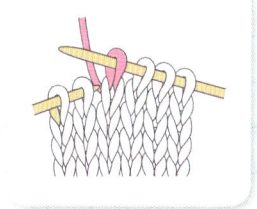

① 화살표 방향으로 오른쪽 바늘을 넣는다.

② 오른쪽 바늘에 반시계 방향으로 실을 감아 화살표 방향으로 바늘을 뺀다.

③ 왼쪽 바늘에 걸린 코를 뺀다.

④ 겉뜨기 1코 완성!

안뜨기 −

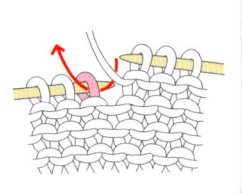 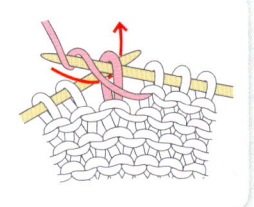 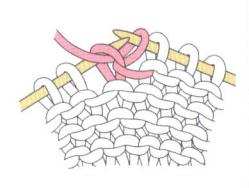 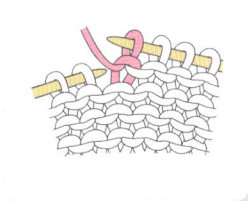

① 화살표 방향으로 오른쪽 바늘을 넣는다.
② 오른쪽 바늘에 반시계 방향으로 실을 감아 화살표 방향으로 바늘을 뺀다.
③ 왼쪽 바늘에 걸린 코를 뺀다.
④ 안뜨기 1코 완성!

2코 모아뜨기(왼코 줄이기) 人

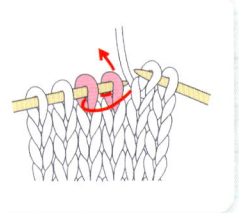 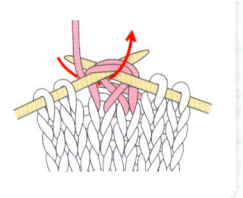 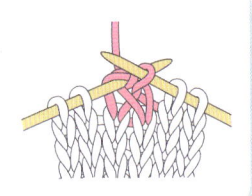 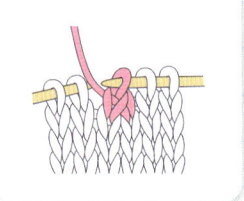

① 오른쪽 바늘을 화살표 방향으로 2코에 한꺼번에 넣는다.
② 오른쪽 바늘에 반시계 방향으로 실을 감아 화살표 방향으로 바늘을 뺀다.
③ 왼쪽 바늘에 걸린 코를 뺀다.
④ 왼쪽 코가 위로 올라오면서 겉뜨기 2코가 1코가 된다.

코바늘

사슬뜨기 ○

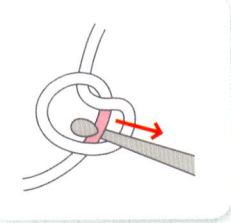 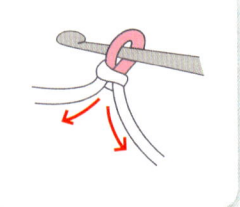 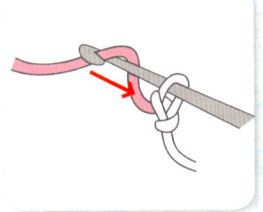 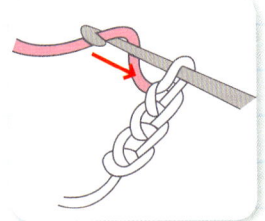

① 바늘을 화살표 방향으로 실에 걸어 뺀다.
② 실 끝을 당겨 코를 조인다.
③ 바늘을 실에 걸어 고리 속으로 뺀다.
④ ③을 반복하여 뜬다.

짧은뜨기 + = ×

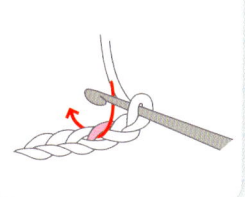 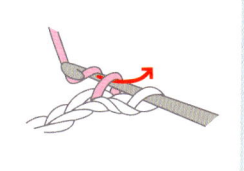 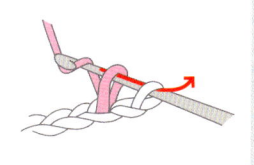 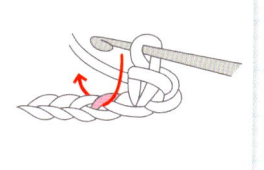

① 바늘을 화살표 방향으로 넣는다.
② 바늘에 실을 1번 감아 화살표 방향으로 뺀다.
③ 바늘에 실을 1번 더 감아 그림처럼 2코를 통과시켜 한꺼번에 뺀다.
④ 짧은뜨기 1코 완성! ①~③을 반복하여 뜬다.

한길긴뜨기 ㅜ

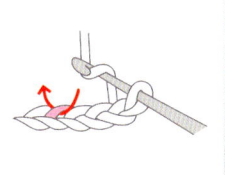 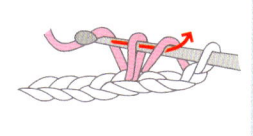 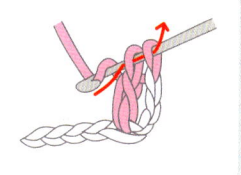 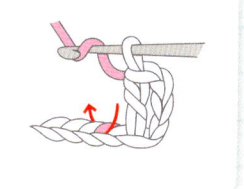

① 바늘에 실을 1번 감아 화살표 방향으로 넣고 실을 걸어 뺀다.
② 바늘을 실에 걸어 화살표 방향으로 2코를 통과시켜 빼낸다.
③ 바늘에 실을 1번 더 감아 화살표 방향으로 2코를 통과시켜 빼낸다.
④ 한길긴뜨기 1코 완성! ①~③을 반복하여 뜬다.

빼뜨기 ●

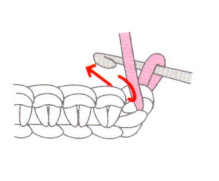 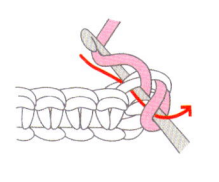 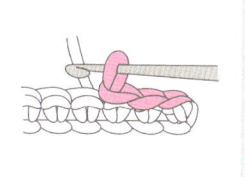

① 바늘을 화살표 방향으로 넣는다.
② 바늘에 실을 걸어 바늘에 걸린 코까지 한꺼번에 뺀다.
③ ①~②를 반복하여 코를 만든다.

뜨개로 만들 수 있는 건 정말 무궁무진해요. 머플러, 모자, 인형 말고

뭔가 새로운 것을 뜨고 싶다면 뜨개 팔찌는 어떨까요?

뜨개 하고 남은 자투리 실로도 충분히 만들 수 있어요. 아주 작은 양의 실로 뜰 수 있거든요.

실만으로 부족하다면 취향에 따라 비즈나 단추 등을 활용하는 것도 좋아요!

여러 번 감아 더 멋스러운 아이코드 팔찌

뜨개팔찌 # 아이코드팔찌 # stylish

» 완성 크기_ 팔목 둘레의 5배 이상
» 필요 시간_ 1~2시간 정도
» 준비 재료_ 미스바틱 3708 약 5~7 g, 단추
» 기본 도구_ 2 mm 장갑바늘, 가위, 돗바늘

>> 만드는 법

① 3코를 만든다. (시작코 만들기 77쪽 참조)
② 바늘 반대편 끝으로 3코를 밀어 겉뜨기 3코를 뜬다.

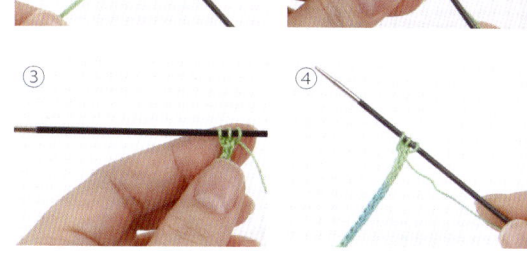

③ 다시 바늘 반대편 끝으로 3코를 밀어 겉뜨기 3코를 뜬다.
* ②~③=아이코드 뜨기
④ 팔목 둘레의 5.5~6배 길이가 될 때까지 반복하여 뜬다.

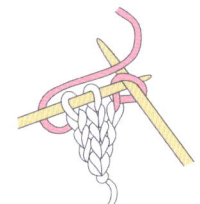

 아이코드 뜨기
1. 코를 잡아 겉뜨기 한다.
2. 편물을 돌리지 않고 오른쪽 바늘 끝으로 보낸다(원형뜨기).
3. 오른쪽 첫 번째 코에 바늘을 넣고 왼쪽 바늘 끝에 걸려있는 실을 단단히 잡아당겨 겉뜨기 한다.
4. 반복해서 원하는 길이만큼 뜬다.

⑤ 실을 길게 20 cm 정도 남기고 돗바늘을 끼운다.
⑥ 바늘에 걸려있는 3코를 돗바늘에 통과시킨다.

⑦ 단춧구멍 크기의 고리가 될 수 있도록 5 cm 정도 떨어진 부분에 바늘을 넣는다.
⑧ 바느질하여 고리를 만든다.

⑨ 반대쪽에는 남아있는 실꼬리를 이용하여 단추를 달아주면 완성!

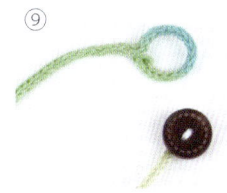

피코 엣징 스터드 팔찌

뜨개팔찌 # 피코엣징 # 스터드팔찌

≫ 완성 크기_ 약 16 cm
≫ 필요 시간_ 1시간 이내
≫ 준비 재료_ 뜨개실(merino 150 rainbow) 약 10 g,
　　　　　　나사형 금속 스터드 장식, 레이스캡(잠금장식 포함)
≫ 기본 도구_ 대바늘 2.5 mm, 가위, 돗바늘, 평집게

›› 만드는 법

① 43코를 만든다. (시작코 만들기 77쪽 참조)
* 코를 잡을 때 실을 넉넉하게 남겨주세요!

② 다음과 같이 편물을 뜬다. (77, 78쪽 참조)
  1~3단 : 메리야스뜨기 3단
  4단 : 겉뜨기 1코, (실을 앞으로 옮기고 2코 모아뜨기) 끝까지 반복
  5~11단 : 겉뜨기로 시작, 메리야스뜨기 7단
  12단 : 겉뜨기 1코, (실을 앞으로 옮기고 2코 모아뜨기) 끝까지 반복
  13,14단 : 겉뜨기로 시작, 메리야스뜨기 2단
  코막음 후 실꼬리를 길게 남기고 자른다.

③ 편물 중심 안쪽 면에서 나사를 끼운다.
④ 겉면에 금속 스터드 장식을 놓고 돌린다.
* 왼손 엄지 손톱을 나사 홈에 끼워 돌리면 단단하게 조일 수 있어요!

⑤ 금속 스터드 장식 7개를 일정한 간격에 맞게 끼운다.
* 가운데 장식을 기준으로 양쪽에 각 3개씩!
⑥ 편물을 사진처럼 가로로 반 접는다.

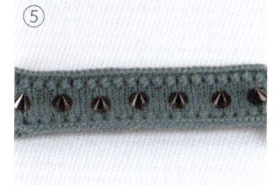 

⑦ 편물에서 남은 실을 돗바늘에 끼워 감침질로 연결한다.
⑧ 남은 실은 편물 사이로 몇 땀 떠서 숨기고 마무리한다.

⑨ 양 끝에 레이스캡을 끼우면 완성!
* 레이스캡 끼우는 방법 : 양쪽 편물조직이 빠지지 않도록 끼운 다음 평집게로 누르세요.

버블뜨기로 만드는 말랑말랑 팔찌

\# 뜨개팔찌　\# 버블뜨기　\# 코바늘팔찌

※ 사진의 단추는 폴리머클레이 작가 수호비의 단추임.

≫ 완성 크기_ 약 15 cm
≫ 필요 시간_ 40분 이내
≫ 준비 재료_ 단추, 뜨개실(merino 150 rainbow) 약 5~7 g
≫ 기본 도구_ 코바늘 2호, 돗바늘, 일반 실&바늘, 가위

≫ 만드는 법

① 사슬 46코를 만든다. (사슬뜨기 78쪽 참조)
② 사슬을 뒤집은 다음, 사슬코의 산 부분에 찔러 짧은뜨기 45코를 뜬다.
* 첫코는 기둥코이므로 뜨지 않아요. 짧은뜨기 79쪽 참조

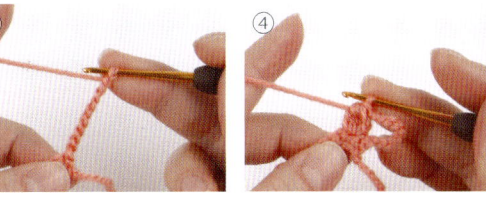

③ 사슬 9코를 만든다.
* 단추 크기에 따라 사슬 콧수를 조절하세요.
④ 그 다음 코에서 한길긴뜨기를 5번 뜬 후 한꺼번에 빼낸다.
 (한길긴뜨기 79쪽 참조)

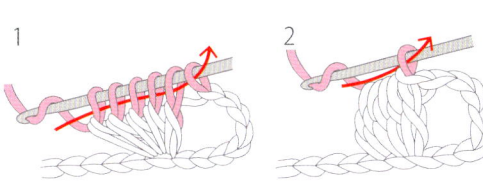

TIP 버블뜨기
1코에 한길긴뜨기를 5번 뜨고 바늘에 실을 1번 감아 한꺼번에 빼낸다.

⑤ 버블 만들고 2코 건너 다음 코에 사슬 2코를 만든다(2코 걸러뜨기).
⑥ ④~⑤을 14번 반복한다.

⑦ 한길긴뜨기를 3코 뜬다.
* 단추를 달아줄 부분이므로 버블을 만들지 않아요.
⑧ 편물을 돌려서 짧은뜨기 45코를 뜨고 마지막은 빼뜨기 한다.
 (빼뜨기 79쪽 참조)

⑨ 실꼬리를 10 cm 정도 남기고 자른 다음, 돗바늘로 실을 정리한다.
⑩ 편물 반대편에 일반 바늘과 실로 단추를 달면 완성!

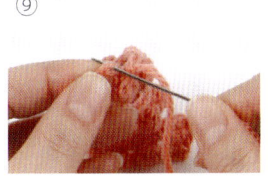
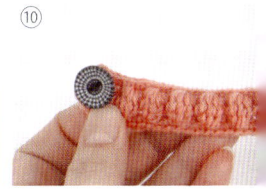

짧은뜨기로 만드는 체인 팔찌

뜨개팔찌   # 짧은뜨기   # 체인팔찌

» 완성 크기_ 약 16 cm
» 필요 시간_ 30분
» 준비 재료_ 체인 약 17 cm(고리 20개),
　　　　　　그러데이션 십자수실(DMC 4523, 4508),
　　　　　　랍스터, O링(체인 둘레에 맞는!) 4개
» 기본 도구_ 코바늘 4호, 평집게

* 필요 길이에 따라 체인을 잘라야 할 경우 전지가위를 이용하세요.

≫ 만드는 법

① 체인과 실을 사진처럼 잡는다.
② 체인 안으로 코바늘을 넣어 사슬을 만들지 않고 짧은뜨기 한다.
   (짧은뜨기 79쪽 참조)

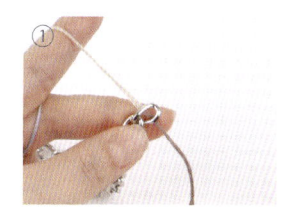 

③ 체인 1개의 한 면에 짧은뜨기를 3코씩 뜬다.
④ 마지막 체인에는 짧은뜨기를 6코 떠서 체인 전체를 둘러준다.

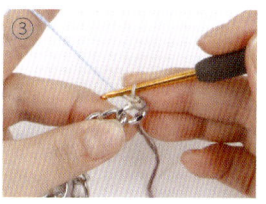 

⑤ 체인의 남은 면에도 짧은뜨기를 3코씩 뜬다.
* 체인 한 면에 3개씩, 즉 체인 하나에 짧은뜨기가 6개 있어요.
⑥ 마지막은 빼뜨기 하여 마무리한다. (빼뜨기 79쪽 참조)

⑦ 양쪽 끝에 O링을 2개씩 끼운다(체인 → O링 → O링).
   (O링 사용법 13쪽 참조)
⑧ 한쪽에만 마지막 O링에 랍스터를 끼운다.

⑨ 잠금장식까지 마무리하면 완성!

새우뜨기로 만드는 심플 팔찌

뜨개팔찌 # 새우뜨기 # simple

※ 사진의 단추는 폴리머클레이 작가 수호비의 단추임.

≫ 완성 크기_ 약 16 cm
≫ 필요 시간_ 30분 이내
≫ 준비 재료_ 뜨개실(merino 150 rainbow 연보라) 약 5 g, 단추
≫ 기본 도구_ 코바늘 4호, 일반 실과 바늘, 돗바늘

›› 만드는 법

① 사슬 2코를 만든다. (사슬뜨기 78쪽 참조)
② 첫 사슬코에 짧은뜨기를 1번 뜬다.
 (짧은뜨기 79쪽 참조)
③ 편물을 돌려가면서 짧은뜨기 한다.

 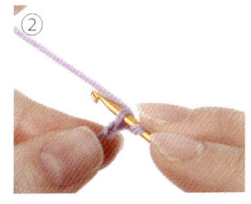 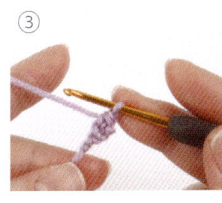

④ 팔목 둘레에 맞게 새우뜨기를 뜬다. 사진은 새우뜨기 77번 반복이다.
⑤ 사슬 9코를 만들어 단추 고리를 만든다.
⑥ 빼뜨기 하고 마무리한다. (빼뜨기 79쪽 참조)

⑦ 반대편은 실꼬리를 정리한 다음 일반 실과 바늘로 단추를 달면 완성!

 새우뜨기

뜨개코가 새우의 마디처럼 생겼다고 하여 새우뜨기라고 한다.

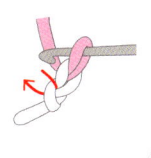 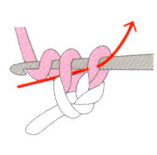 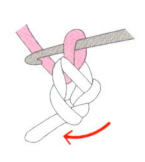 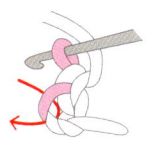 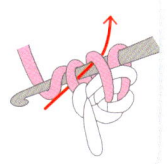 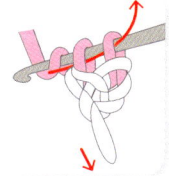

① 사슬 2코를 뜬 다음 첫코에 바늘을 넣는다.
② 바늘에 실을 감아 화살표 방향으로 뺀다.
③ 화살표 방향(왼쪽)으로 돌린다.
④ 그림처럼 모서리 코에 바늘을 넣는다.
⑤ 바늘에 실을 감아 화살표 방향으로 뺀다.
⑥ 짧은뜨기 한다.

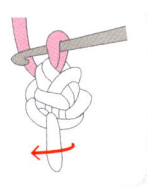 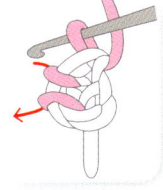 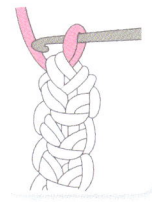 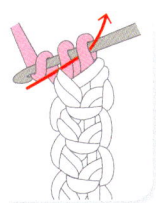 

⑦ 화살표 방향(왼쪽)으로 돌린다.
⑧ 그림처럼 2곳에 바늘을 넣는다.
⑨ 짧은뜨기 한다.
⑩ ⑦~⑨를 반복한다.
⑪ 새우뜨기 완성!